AMIBA

JINGYINGMOSHI DAORU 102 WEN

阿米巴

经营模式导入102问

陈扬名 罗燕如◎著

AMOEBA

SPM

南方出版传媒

广东经济出版社

·广州·

图书在版编目（CIP）数据

阿米巴经营模式导入102问／陈扬名，罗燕如著．—广州：广东经济出版社，2018.3

ISBN 978-7-5454-6115-2

Ⅰ．①阿… Ⅱ．①陈… ②罗… Ⅲ．①企业经营管理-问题解答 Ⅳ．①F272.3-44

中国版本图书馆CIP数据核字（2018）第043521号

出 版 人：姚丹林
责任编辑：黄 炘
责任技编：许伟斌

出版发行	广东经济出版社（广州市环市东路水荫路11号11～12楼）
经销	全国新华书店
印刷	佛山市浩文彩色印刷有限公司 （南海狮山科技工业园A区兴旺路）
开本	880毫米×1230毫米 1/32
印张	10.25
字数	210 000字
版次	2018年3月第1版
印次	2018年3月第1次
印数	1～5000
书号	ISBN 978-7-5454-6115-2
定价	48.00元

如发现印装质量问题，影响阅读，请与承印厂联系调换。

发行部地址：广州市环市东路水荫路11号11楼

电话：（020）38306055 37601950 邮政编码：510075

邮购地址：广州市环市东路水荫路11号11楼

电话：（020）37601980 营销网址：http://www.gebook.com

广东经济出版社新浪官方微博：http://e.weibo.com/gebook

广东经济出版社常年法律顾问：何剑桥律师

自序

PREFACE

问：为什么要写这本书？

企业的发展一般都会历经以下几个阶段：

第一阶段，人治阶段。这时企业处在基础管理层次，梳理流程、建章立制、明确职责是这个阶段的重点。

第二阶段，法治阶段。这时企业上升到法治管理层次，如何分析经营管理，如何有效调动员工积极性，如何明确权、责、利的统一性是这个阶段的核心。

第三阶段，共治阶段。这时企业已然达到自发管理层次，这个阶段企业需要运用哲学和文化来引领发展，团队形成价值观共识，共同协作完成任务，主动参与经营，是谓老子所说的“无为”而治。

稻盛和夫先生根据自己几十年的企业经验和人生修为，总结出了阿米巴经营理念和系统，并且已经凭此成功创造出KDDI和京瓷两家世界500强企业，还成功挽救了濒临倒闭的日本航空公司。其成功的原因是什么呢？正是帮助企业建立核心价值观，明确“作为人，何为正确”的人生理念，企业则达到“敬天爱人”的哲学高度，通过对企业组织的改造，对每个组织进行经营核算，让员工都参与到企业经营中来，迈进共创、共治、共享的“共治阶段”，最终达成真正的幸福型企业。

阿米巴经营的独特魅力和成功的经验，令中国诸多企业和企业家都意欲一享为快，然则，急于求成的心态也让一些企业在自导自演将自己的企业“阿米巴化”后效果并不理想。究其原因有：

第一，橘生淮南则为橘，生于淮北则为枳。阿米巴经营在日本取得了成功，到中国来为什么不行了呢？这不是阿米巴经营不行，是因为在文化上、在企业管理的层次上、在企业所经历的发展阶段和面临的问题上，中国和日本的企业都有很大的差异，盲目生搬硬套，可能会恰得其反。

第二，阿米巴经营是一个系统性经营模式，有哲学理念，有实际操作，有道、法、术三个层次的不同内容。这就需要企业和企业家、经营管理人员详细了解并经过不断学习，结合自己企业的实况分析后才可真正引入为企业所用。但往往企业家和职业经理人的主要使命是负责企业经营和管理，对行业和企业的情况非常熟悉，对“阿米巴经营模式”却不一定完全了解。如果有咨询团队和阿米巴咨询顾问等外部力量的支持，那就是“专家+行家”的完美结合，更有利于“阿米巴经营模式”在企业中的推行和实施。

如何才能让阿米巴经营模式在中国企业落地、生根、发芽呢？

作为一名阿米巴经营在中国的传道者，从事管理咨询和培训多年，每次在“阿米巴经营模式总裁训练营”的课堂上，我都借一个广告语来比喻自己这些年的工作状态：不是在讲阿米巴经营，就是在帮企业导入阿米巴经营，要么就是在去阿米巴经营的路上……

看到已经被我帮助过的企业，业绩大幅增长，员工积极性得到了提升时，我不由得思考一个问题：时代呼唤阿米巴经营，企业需要阿米巴经营，而我多年以来，已经为上百家企业成功导入阿米巴经营系统，为几万名企业家和经营管理人员培训了阿米巴经营理念和方法、技巧。这些丰富的经验，为什么不提炼出来为更多的企业和经营管理者所用呢？

考虑到读者会站在不同的角度来看待和理解书中的内容，因此，我决定采用问题和回答的方式作为本书的编写逻辑：

一、我从多年沉淀的阿米巴经营咨询案例和与企业家、经营管理人员的沟通访谈中，提炼出企业各层次所关注的核心问题共102个，并分成不同的层次和模块进行阐述：第一个模块主要向读者介绍阿米巴经营模式的基本概念、导入价值、实施标准与时代趋势的共鸣（互联网、平台化、合伙人机制等）；第二个模块主要向读者介绍阿米巴经营模式在企业中的应用，包括：阿米巴组织的构建、经营核算、运营和激励；第三个模块主要介绍阿米巴经营模式的哲学在企业中如何落地应用。

二、在回答问题部分，先根据阿米巴经营的理念、知识和实践经验进行回答。再根据问题的范围，提供与此问题相关的示意图、实践工具和表单来帮助读者理解和应用。

阿米巴经营模式是一种先进且行之有效的经营管理模式，能帮助中国的企业在转型、改革中不断完善企业体系，提升企业综合实力和打造企业核心竞争力，让企业在激烈的竞争中立于不败之地。但一个体系和模式的导入，并不是一蹴而就能完成的，需要在不断学习、不断践行、不断总结、不断提升中，达到企业的目标。

在书稿完成之际，又想起中国历史上著名的哲学家王阳明（王守仁），他毕其一生集大成创造了心学体系，其中他晚年所述的四句教流芳千古：无善无恶心之体，有善有恶意之动，知善知恶是良知，为善去恶是格物。四句教告诉我们：从“心”到“物”，从“无”到“有”，从“知”到“行”，从主观到客观，再到“知行合一”，达到物我同体的境界。而正是这位先哲圣人的思想，影响了稻盛和夫的世界观和价值观，最终形成阿米巴经营哲学。我们在敬仰先贤熠熠生辉的思想精华和光芒的同时，如果能够为中国的经济发展，为中国企业在新时代、新常态下能够成功转型、崛起，立足世界强林之列，做出一点微薄的贡献，传承先人的绝学，真正做到“知行合一”，足矣。

本书能顺利出版，首先，要感谢那些委托我们提供阿米巴经营模式咨询服务的企业，他们的信任给我们提供了验证书中诸多理论体系和工具的机会；其次，要感谢一直鼓励和支持本书出版的咨询界同仁。

由于时间的关系，书中在所难免地存在着错漏之处，欢迎大家给予批评指正；同时，也诚挚的期望与企业界的朋友们一起就本书中的阿米巴经营体系、方法和工具做更为深入的应用探讨，使本书的可读性、实用性和指导性得到进一步的提高。

陈扬名

2017年9月于羊城

目录

CONTENTS

第六章　阿米巴与合伙人机制/085

第二部　阿米巴经营模式应用

第七章　阿米巴组织划分与构建/113

第十一章　阿米巴经营哲学与落地/288

第一部

阿米巴经营模式概述

第一章 阿米巴经营模式是什么

CHAPTER 1

稻盛和夫的“六项精进”

一、付出不亚于任何人的努力

二、要谦虚，不要骄傲

三、要每天自省

四、活着，就要感谢

五、积善行，思利他

六、不要有感性的烦恼

NO. 1

如何理解阿米巴经营模式的本质

阿米巴经营模式的本质是一种赋权管理模式。阿米巴经营模式与“经营哲学”“经营会计”一起相互支撑，是一种完整的经营管理模式，是企业系统竞争力的体现。它将领导力培养、现场管理和经营哲学这三大企业管理的难题集中在一起，并进行有效解决。

1. 阿米巴经营模式能够有效培养阿米巴巴长（以下简称“巴长”）的领导力

阿米巴经营就是以各个阿米巴的领导为核心，让其自行制订各自的计划，并依靠全体成员的智慧和努力来完成目标。在这个过程中，巴长必须为收入和支出负责，倒逼巴长产生努力学习经营知识的内在驱动力，科学决策提高决策力，选贤任能提高组织力，带队育人提高教导力，以身作则提高执行力，人心所向提升感召力。

2. 改善现场管理、控制成本

阿米巴现场管理具有重要的作用，这是因为销售来自现场，成本来自现场，利润也来自现场。阿米巴领导者重视一线现场，无论在什么情况下都不脱离制造现场，并能够采取有效的手段加强和改善现场管理，这是企业保持活力的重要手段。

阿米巴领导者利用“单位时间核算”来改善现场管理、控制成本；并且关注经营指标完成度，围绕着这些经营指标，阿米巴领导者需要对现场进行创新、优化和高效的管理，并不断做出循环改善。

阿米巴的现场管理其实就是指导、监督与服务，目的就是使各个阿米巴单元都能按时完成各项经营指标，努力创造高收益。

3. 阿米巴经营模式以哲学为根基

稻盛和夫的经营哲学，也称为京瓷哲学，是他在对工作、对人生进行不断自问自答的过程中产生出来的。京瓷哲学强调的一点就是：“敬天爱人”，这对企业家们很有启发，深受教育。

京瓷哲学是通过实践所获取的人生哲学，其基本思想是：“我认为，作为一个人，这样的活法才是正确的。这一判断标准，指出了按照人类应有的原始伦理观、道德观及社会规范，开展无愧于任何人的、正大光明的经营与业务活动之重要性。”

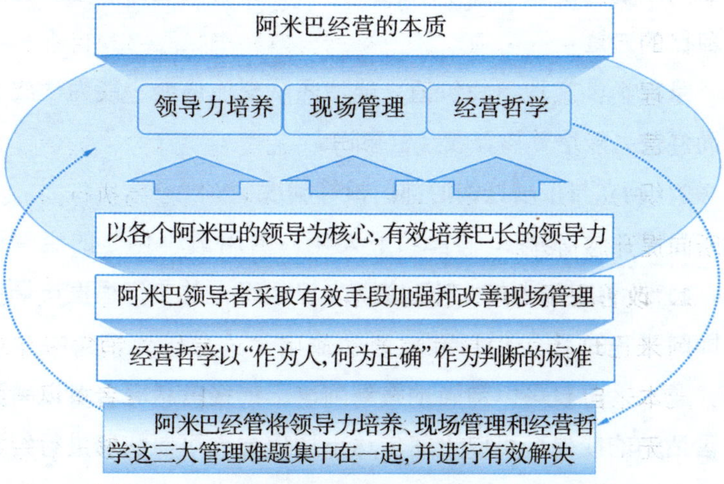

图1　阿米巴经营的本质

NO. 2

阿米巴经营的目的是什么

按照稻盛和夫的总结，笔者结合自身的一些管理咨询实践经验，结合导入阿米巴经营企业的案例和具体做法，我们认为阿米巴经营有六大目的：

1. 实现全体员工共同参与的经营

企业为了持续发展，要营造出全体员工为了同一个目标而团结合作的经营环境。在阿米巴经营里，要求员工也像经营者一样来考虑阿米巴的收支，考虑自己的工作。通过阿米巴经营，使全体员工的能力得以最大程度的提升和发挥，每个人都参与阿米巴的经营，为了所属阿米巴及公司的经营业绩，贡献着自己的力量。

意义：能实现自我价值；能使团队交流通畅；能为达成目标而喜悦；能培养核算和经营意识。

2. 确立与市场挂钩的部门核算制度

企业为了践行“销售额最大化，费用最小化”的经营原则，将部门组织划分为若干个阿米巴组织，并实行根据市场变动即时对应的部门核算管理。

意义：巴长可以清晰地看到阿米巴的经营状况；可以看到经营活动的成果；可以迅速传达市场信息；可以快速进行经营判断；可以实现高效经营。

3．培养具有经营者意识的阿米巴领导者

公司整体划分成若干个被称为“阿米巴”的小集团，各个阿米巴的领导者就像是经营者一样经营着自己的阿米巴。每个阿米巴的经营由巴长来负责执行，以此来培养具有经营者意识的人才。

意义：可以使具有经营者意识的人才辈出；可以聚集现场的智慧；可以形成自我挑战的经营环境；可以共享经营指标。

4．培养全体员工的目标意识

公司通过自下而上的方式制定年度经营目标，并同时确认好每个阿米巴必须完成的绩效目标。为了完成公司的年度计划目标，各个阿米巴的领导者会制订月度工作计划和安排，集结阿米巴内部所有人员的智慧，逐步完成阿米巴自己的目标。阿米巴的领导者和其成员可以根据这些即时的经营数据来进行调整，并积极地为达成共同的目标而努力。通过此举，也培养全体员工的目标意识。

5．使老板彻底解放

阿米巴经营可以使公司领导摆脱日常事务，集中精力考虑全局问题；阿米巴实行独立核算，更能发挥经营管理的积极性，更有利于组织专业化生产和实现企业的内部协作；各个事业部门之间有比较、有竞争，这种比较和竞争有利于企业的良性发展；阿米巴内部的供、产、销之间容易协调，不像在直线职能制度下需要企业高层管理部门过问。当企业内部“人人成为经营者”，每个人都自动自发地努力工作，老板也就彻底解放了。

6．把企业做成平台，使企业做大做强

导入阿米巴经营模式，将形成“企业平台化”，也即把整个企业变成一个创业平台。在这个平台上，公司总部只是一个投资方，提供相关的平台资源。每个阿米巴都相当于内部创业团队，每个人都会创造市场的价值，这将极大地提升企业竞争力，使企业做大做强。

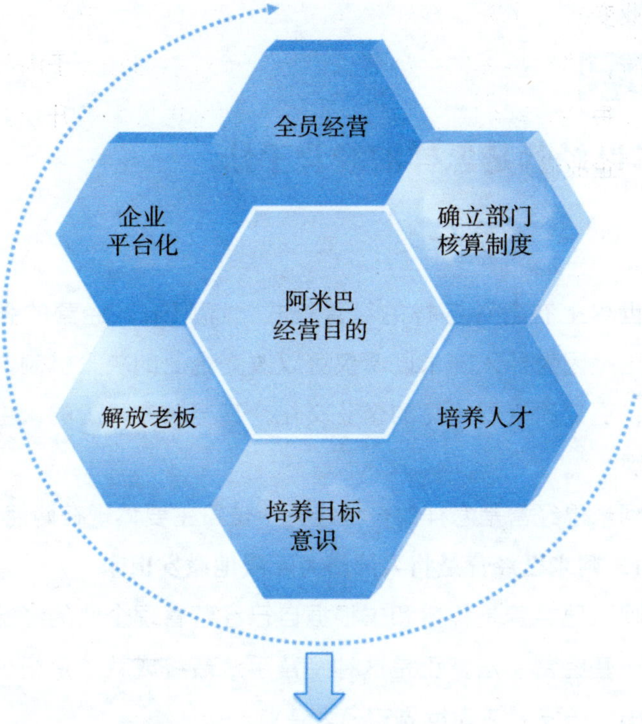

阿米巴经营的目的和意义

1	全员经营的意义	实现自我价值；团队交流通畅；为达成目标而喜悦；培养核算和经营意识
2	部门核算制度的意义	可以清晰地看到阿米巴的经营状况；看到经营活动的成果；迅速传达市场信息；快速进行经营判断；实现高效经营
3	培养人才的意义	使具有经营者意识的人才辈出；聚集现场的智慧；形成自我挑战的经营环境；共享经营指标
4	培养目标意识的意义	可以根据即时的经营数据来进行调整，并积极地为达成共同的目标而努力
5	解放老板的意义	使公司领导摆脱日常事务，集中精力考虑战略问题
6	组织平台化的意义	极大地提升企业竞争力，使企业做大做强

图2　阿米巴经营的目的和意义

NO. 3

阿米巴经营是怎样的经营手法

世界上有各种各样的经营模式，而阿米巴经营的强大之处，正是因为导入阿米巴不仅可以改变企业的决策机制、组织架构，更能改变看不见的企业文化，甚至改变员工的人生观和价值观。

阿米巴经营是怎样的一种经营手法？主要体现在两点：

1. 阿米巴经营是将人的潜力无限地激发出来

阿米巴经营是稻盛和夫根据自己经营管理企业的经验构建出的一套经营手法，正是这种经营手法最终成就了京瓷公司从一个小作坊发展成为世界知名大企业。

笔者作为管理咨询师，在许多家企业里导入阿米巴经营模式，与众多企业领导人一起经历了无数次的改革和改善，也看到客户企业由亏损变成一个利润率很高的企业。之所以实现这些巨大变化，正是因为阿米巴经营将人的潜力最大限度地激发出来。

阿米巴经营为什么能够激发人的潜力？重要原因是阿米巴经营能够实现全员经营，员工付出多大的努力，就有可能获得多大的收益。而且自己的努力能够迅速地通过数字被反映出来，通过数字明确地知道目标值和实绩之间的差距，明确了这个差距，员工就会自觉、努力地去实现经营目标，在这个奋斗的过程中，人的潜力将无限地发挥出来。

2. 阿米巴经营也是一种非常人性化的经营手法

阿米巴经营被称为最符合人性、最科学与最具效率的经营模式。阿米巴经营就是这样的经营手法，即能够让每个人“付出不亚于任何人的努力”，也有“敬天爱人”的人文关怀。

在阿米巴经营里，用每个人每小时创造的“附加价值”来表达绩效，严格要求每个阿米巴必须达成经营目标。但也有追求员工精神和物质两方面的幸福，企业就像个大家族一样具有温存的一面。通过激励机制的设计，给予员工股权激励、晋升激励等，让员工成为企业合伙人，这些措施都是构筑幸福型企业的基础。

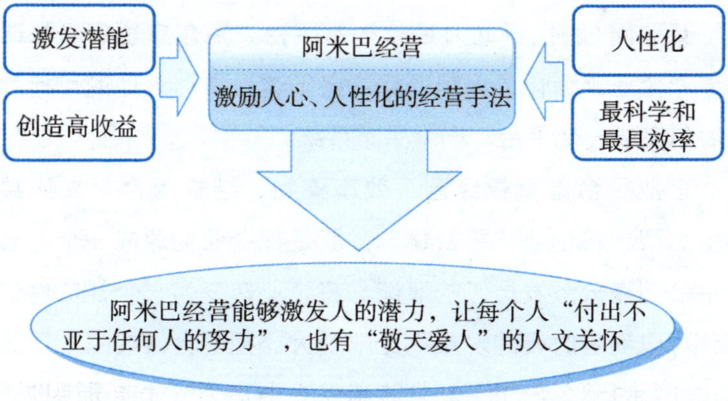

图3　阿米巴的经营手法

NO. 4

阿米巴经营如何契合当今时代潮流

在互联网经济的浪潮中，阿米巴经营模式无疑是一艘巨轮，以其斩风劈浪的影响力，推动着企业组织变革的步伐，加速企业向平台化发展的进程，让企业内部形成“百舸争流、扬帆竞发”的局面。

企业的管理理念需要跟上时代的步伐，阿米巴经营契合当今时代潮流，体现在如下几个方面：

1. 企业平台化：构建一个内部创业平台

互联网+时代原动力是什么？平台。海尔集团CEO张瑞敏说：“企业平台化是大势所趋，必须这么做。”他的目标就是把海尔变成一个平台、一个生态系统。

企业平台是赋权经营、效率集约、结构组合、文化共识的生态圈。将企业“平台化”，就是把企业构建成一个内部创业平台，充分激发员工的潜能。将企业转变为一个开放性的组织，可以随着时代的发展而无限变大。把平台做成阿米巴经营模式，通过阿米巴组织划分将组织变小，企业才能灵活地应对互联网多变、快速的需求。

2. 员工创客化：使员工成为经营者

美国《连线》杂志前任主编克里斯·安德森在《创客·新工业革命》一书中说：创客就是个性化和数字化的结合。在移动互联网时代，很多企业都有这个条件让员工成为创客。

企业导入阿米巴经营模式，目标就是让员工创客化。导入阿米巴经营的企业，都希望做到这个程度：每个人都是一个创业公司，每个人都是一个创客，每个人都有自己的目标，每个人都会创造市场的价值，各自都把自己的事业做好。

3. 合伙人机制：激活组织，解放老板

互联网时代更需要的是合伙人而不是职业经理人。职业经理人是大工业时代的产物，现在经济社会向互联网时代转型，让轻资产创业与合伙人制度成为可能，而“大众创新，万众创业”的号召则是中国创业热情与合伙人制度落地扩散的催化剂。

导入阿米巴经营模式的企业，都应该认识到合伙人机制对企业的颠覆性意义。阿米巴合伙人可以共创、共享、共担，能够激活组织，解放老板。可以说，阿米巴经营模式开启了合伙人时代。

4. 互联网思维：以用户、员工为中心

互联网思维是对传统企业价值链的重新审视，体现在战略、业务和组织三个层面，以及研发、生产和销售等价值链条环节中。并且将这些传统的“价值链”改造成为互联网时代的以用户为中心的“价值环”。

导入阿米巴经营模式也需要互联网思维。阿米巴的战略制定和商业模式设计需要用户思维和平台思维；阿米巴业务拓展要有用户思维和极致思维；阿米巴组织架构设计要有用户思维、平台思维和跨界思维；阿米巴经营哲学建设都要以用户为中心，有社会化思维等。

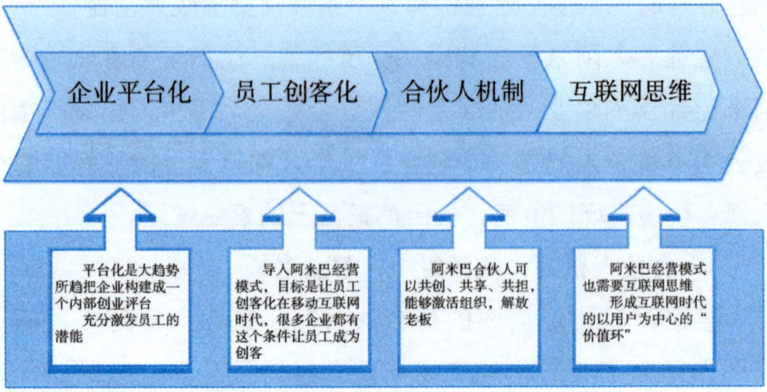

图4　阿米巴经营模式契合当今时代潮流

NO.5

阿米巴经营模式与联产承包责任制有哪些区别与联系

阿米巴经营模式与联产承包责任制都能起到调动生产经营的积极性、解放生产力的作用。但是阿米巴经营并不是联产承包责任制，两者在经营思想、推行模式、经营权利等方面，都有着本质的区别。

1. 阿米巴经营模式与联产承包责任制的区别

（1）经营思想的区别。

阿米巴经营模式：员工具有经营者意识；阿米巴组织的生命力强，小集体利益服从公司整体利益；具有团队协作精神；巴长具有把阿米巴做大做强的决心和意志；有经营哲学对员工的熏陶和影响。

联产承包责任制：农民思想觉悟低，只求解决温饱；没有合作观念，每个农户就守着自己的一亩三分地；农民之间容易产生冲突；缺乏集体利益思想。

（2）推行方式的区别。

阿米巴经营模式：组建阿米巴推行委员会；建立审计、监督机构；进行授权体系设计；在阿米巴组织架构下定编定员；确定各级阿米巴负责人；定期召开阿米巴经营会议。

联产承包责任制：主要采用的是包干到户的形式。实行以家庭联产承包为主，将经营的单位划小到家庭，以家庭为经济单位，可克服干多干少一个样的平均主义。主要生产资料仍归集体所有；在分配方面仍实行按劳分配原则；在生产经营活动中，集体和家庭有分有合。

（3）经营权利上的区别。

阿米巴经营模式：公司总部给阿米巴赋权，阿米巴组织独立经营、自主核算，实现“全员经营”。阿米巴具有股权激励和奖金机制，也建立合伙人机制。

联产承包责任制：采用的是统分结合的双层经营体制，具体体现在集体和农户的两个经营层次。集体在经营中的作用主要在土地发包、生产服务等，农户则成为基本的生产经营单位，“统”和“分”是相互依存、相互促进、共同发展。

2. 阿米巴经营模式与联产承包责任制的联系

（1）阿米巴经营模式与联产承包责任制都是创造过奇迹的经营模式。稻盛和夫让阿米巴经营模式奇迹般地拯救了濒临破产的日本航空公司。在阿米巴经营的推动下，京瓷集团快速发展成世界500强企业。

联产承包责任制是鼓励农民发展多种经营，使广大农村地区迅速摘掉贫困落后的帽子，逐步走上富裕的道路，中国因此创造了令世人瞩目的用世界上7%的土地养活世界上22%人口的奇迹。

（2）两者都极大地解放了生产力。阿米巴经营模式让每个“阿米巴”都像一个小企业，发挥每一位员工的积极性和潜在的创造力，为了提高生产效率，不断采用先进的生产技术，解放了老板，也解放了生产力。

联产承包责任制的实行，解放了农村的生产力。由于利益的内在推动，使家庭承包经营能适应采用先进科学技术和生产手段的现代农业，从而推动农业的现代化发展。

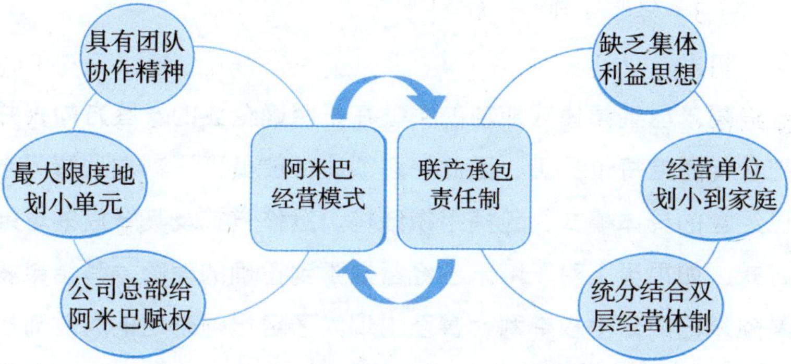

图5　阿米巴经营模式与联产承包责任制的区别

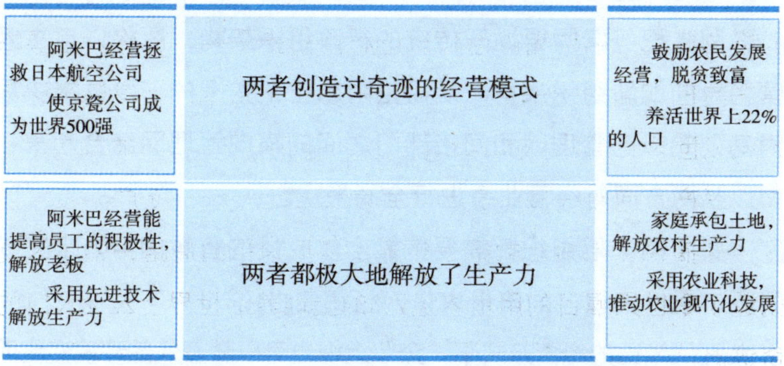

图6　阿米巴经营模式与联产承包责任制的联系

NO. 6

为什么必须让员工深刻理解阿米巴经营

阿米巴经营模式成功的关键在于明确企业的发展方向，并把它传递给每位员工。因此，必须让每位员工深刻地理解阿米巴经营的具体模式，包括组织结构、运作方式及其背后的思维方式。如果员工对于阿米巴经营做不到正确的理解，其结果将是阿米巴内部争权夺利，甚至出现为了自己阿米巴的利益而损害其他部门利益的情况，也有可能员工没有理解阿米巴的激励机制，导致阿米巴经营的效果大打折扣。

1. 理解以自主经营为导向的新组织架构

阿米巴经营需要抛开传统的行政组织架构，重构以自主经营为导向的新组织架构。从而把阿米巴架构上的，以联结决算为基础的纵向管理网和间接部门之间的横向管理网结合起来，得以从两方面对经营业绩进行全局把握。

每个阿米巴组织都需要依靠全体成员的智慧和努力来完成目标，最终实现“销售最大化，经费最小化”。

在阿米巴的经营方式下，企业组织也可以随着外部环境变化而不断“变形”，调整到最佳状态，即能适应市场变化的灵活组织。

2. 理解阿米巴的运作方式

阿米巴经营具有分权和赋权的特征，由作为投资中心的总部以及作为利润中心和成本中心的阿米巴所组成，不同的管理层面承担不同的企业功能，为实现企业的目标而协调工作。

在企业的功能分配上，有些要由公司总部负责，有些要由阿米巴来负责。公司总部主要负责与企业长远有关的战略问题、阿米巴巴长的人选以及阿米巴组织的监督和控制。而阿米巴在自己所属的市场或区域内，在企业的发展战略下，最大限度地占领市场，谋求自我发展。

阿米巴经营就是为了解决企业的集分权问题，如何在保障公司整体利益的前提下，增强各阿米巴单元的自主性、积极性，保持企业长期的活力和发展。

3. 理解阿米巴运作背后的思维方式

阿米巴运作背后的思维方式，其实就是通过企业赋权，培养具有经营意识的领导，让全体员工参与经营管理，从而实现全员参与。总而言之，阿米巴经营最根本的目的是培养与企业家理念一致的经营人才。

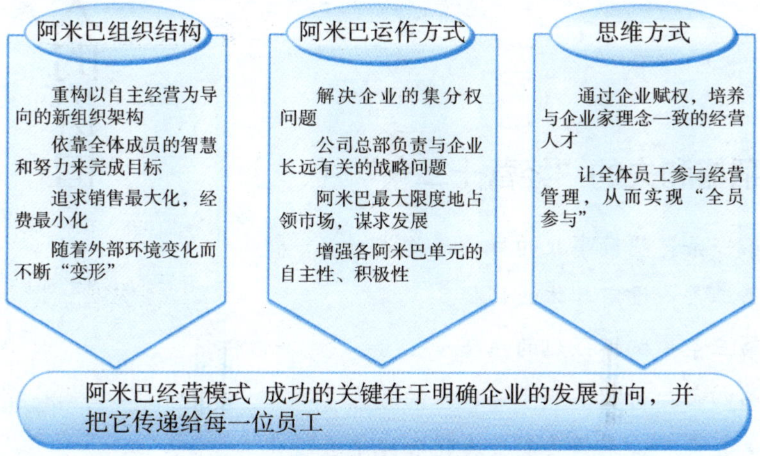

图7　员工理解阿米巴经营的角度

第二章 阿米巴经营模式导入的价值

CHAPTER 2

稻盛和夫的“经营十二条”（一）

第一条：明确事业的目的与意义

第二条：设定具体的目标

第三条：胸怀强烈的愿望

第四条：付出不亚于任何人的努力

第五条：追求销售额最大化和经费最小化

第六条：定价决定经营

NO. 7

阿米巴经营如何匹配中国企业的实情

作为企业领导人，当你感觉到企业组织臃肿，工作效率不高的时候；当你感觉到企业人心涣散的时候；当你感觉到企业利润降低的时候，不妨根据自己企业的实际情况来导入阿米巴经营，应该是一个不错的选择。

但导入阿米巴经营，不要以为懂得阿米巴的概念就可以如京瓷公司一样大获成功。稻盛和夫的阿米巴经营实际上还是基于日本的国情进行设计的，如果中国的企业采取东施效颦的形式，不明原理，结果反而事与愿违。

因此，中国企业需要以稻盛和夫式阿米巴为内核，结合中国文化、企业特点，即京瓷哲学与中国文化相结合、阿米巴经营理论与中国实践相结合，才能使阿米巴经营模式在中国企业产生更大的效用，这种方法经过很多公司验证确实是有效可行。

对于阿米巴经营如何匹配中国企业的实情，我们总结出如下几点：

1. 参透阿米巴经营的本质

参透阿米巴经营的本质，就是要明白阿米巴经营的核心并不在于一些表象的管理方法，而是企业需要从“模块竞争力”迈向“系统竞争力”，将员工从被动的管理者、执行者，转变为主动思考、主动创造的经营者，从而释放企业中员工的潜能！

中国企业转型首先是经营理念的升级，其次是经营体制的转型，而根本还是如何让员工最大限度地发挥潜能，实现“人人成为经营者”，只有如此，才能真正实现产业技术及产品的转型升级！

2. 按照阿米巴经营的原理去实践

企业领导人需要不断理解阿米巴经营的本质，按照阿米巴经营的原理和推行步骤去实践。事实证明，导入阿米巴经营的中国企业，经过我们的辅导已经取得了丰硕的成果。相信只要付出不亚于任何人的努力，按照阿米巴经营的原理去践行，中国企业也一定可以创造出属于自己的奇迹。

3. 提升经营、改善人文

中国社会环境的客观影响很大，现实与信仰是中国企业的动态平衡。导入阿米巴经营的中国企业需要提升经营、改善人文环境。

4. 侧重开源、关注节流

中国企业经营的外在空间广阔，开源与发展仍是中国企业的主流旋律。在导入阿米巴经营的过程中，中国企业需要侧重开源（增加收入）、关注节流（控制成本）。即收入最大化，经费（费用和成本）最小化。唯有如此，才能取得较好的效果。

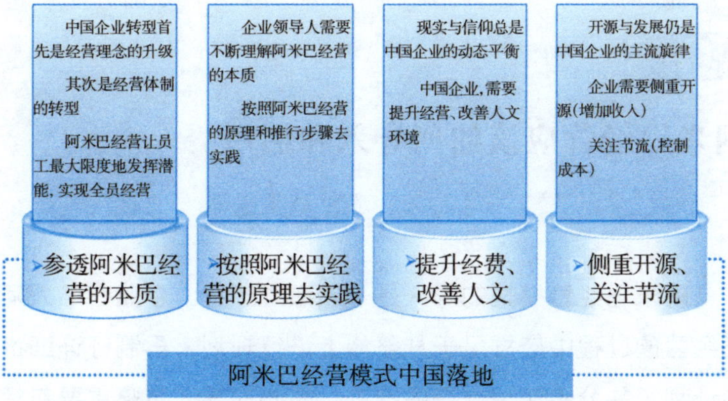

图8 阿米巴经营如何匹配中国企业的实情

NO. 8

阿米巴经营应该如何导入和运用

阿米巴经营模式的导入是一项系统工程。企业在导入阿米巴经营的过程中应立足于从整体上进行规划，再制订详细推进的计划，并分步实施、有序推进。核心的导入步骤主要包括：战略与组织、目标与核算、人才与激励。在具体操作上，根据笔者在阿米巴经营咨询实践中的总结，主要有如下几点：

1. 调研诊断

对包括总经理、各级总监、经理和员工等人员进行调研和访谈，充分了解到公司的现状和历史发展，并根据阅读资料及收集到的信息情况，将公司的问题挖掘出来。

2. 组建阿米巴项目组织及制订计划

成立阿米巴项目推进委员会，明确委员会成员及职责分工；制订阿米巴项目详细的推进计划和实施纲要，为后面的项目推进打好基础。

3. 阿米巴组织划分

根据企业的组织特点以及相应的维度进行划分阿米巴的组织，并遵循“全盘规划、逐步实施”的原则，对已经具备阿米巴组织特征的可以成立阿米巴组织，对不具备阿米巴组织要求的，先进行规划。

4．阿米巴费用划分

费用划分是定价的前提，也是阿米巴项目中财务会计里最麻烦的一项程序。其主要内容包括：梳理财务科目、建立费用分摊规则。

5．阿米巴交易定价

定价即经营，定价系统是阿米巴会计中的核心。这一步骤主要制定定价的方式和方法。

6．阿米巴运营实施

阿米巴运营实施，关系到企业导入阿米巴经营模式的成败。在这一阶段，主要进行阿米巴资源划分、梳理阿米巴组织职能、产生阿米巴负责人、制订业务计划和预算、改善阿米巴运营。

阿米巴系统运营的重点是进行改善，因此，对各阿米巴数据的校准、对阿米巴改善的方向及改善的方法、改善的工具等进行指导和培训，以发挥阿米巴系统的真正作用。

7．阿米巴激励

阿米巴激励包括精神激励（经营哲学）、短期激励（薪酬设计）、中期激励（各阿米巴的奖金奖励）、长期激励（股权激励）、晋升激励（人才梯队建设）。设计出完善的阿米巴激励机制，能使阿米巴经营产生更好的效果。

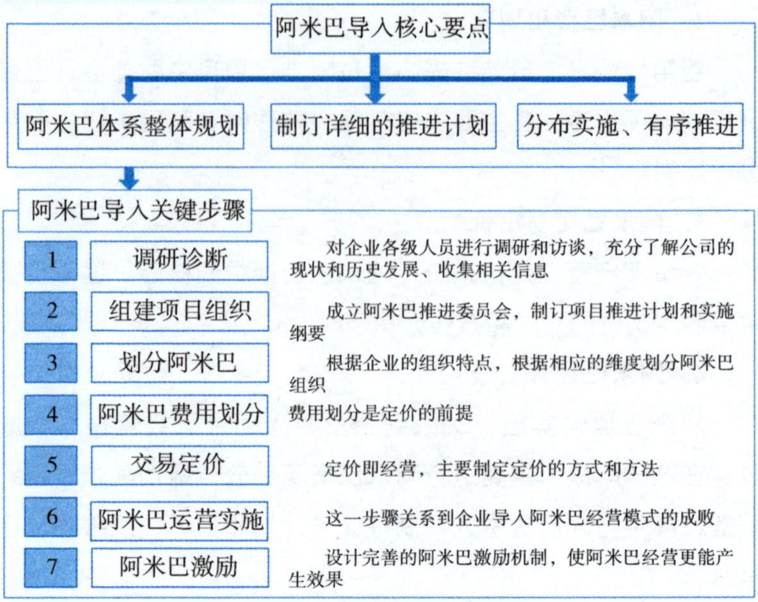

图9　阿米巴经营模式的导入

NO. 9

什么样的企业适合导入阿米巴经营模式

随着企业规模的扩大和产业的完善，阿米巴经营在一定程度上契合了平台的集团化管理，对平台的跨区域、跨产业发展有着重要的现实意义。

阿米巴经营模式具有普适性，它适合中国的经营环境，也适合中国企业。但不同类型的企业、不同发展阶段的企业导入的效果也存在一定的差异。

1. 从企业规模来看，大中小型企业都适用阿米巴经营

阿米巴经营模式适用于规模庞大、品种繁多、技术复杂的大型企业，同样也适用于中小型企业。

阿米巴经营模式能够激发一线战斗力和快速响应市场的能力，倡导“全员经营”，以“敬天爱人”的经营哲学作为人生、工作上的指导，它的核心经营理念是大中小型企业都需要的。

2. 从业务模式看，产品多元化、跨地域经营、多客户类型的企业更适合

产业多元化、品种多样化、各有独立的市场，而且市场环境变化较快的企业导入阿米巴，可以划分各种类型的阿米巴单元，这些阿米巴组织在承接企业整体战略的前提下，自主制订经营目标和经营计划，可以迅速响应市场的需求及竞争。

3．从发展阶段看，成长和成熟期的企业更需要阿米巴

当企业从成长期迈向成熟期，进入快速上升期之后，面临最大挑战的是企业人的问题。如何把合适的人放在合适的位置上、如何找到正确的人来做正确的事情、如何提高人的积极性、如何提高企业的核心竞争力、如何不用企业老板亲力亲为，而是培养一批具有经营意识的人才，都是实际需要解决的问题。所以，这一阶段的企业更适合导入阿米巴经营模式。

4．从产业类型上看，阿米巴经营不仅适合制造型的企业，同样也适用于服务型的企业

企业的发展离不开优质的管理。当前，中国制造业面临创新能力不足、产品附加值低、高端人才匮乏、成本不断增加、利润不断降低等困境。这就需要导入阿米巴经营，为企业快速培养经营人才，将“销售额最大化、经费最小化”的经营原则在企业内部彻底贯彻，通过自身的转型和组织变革，增强市场的竞争力。例如，日本京瓷公司就采用阿米巴经营模式，并且以惊人的速度成长并进入世界500强。

服务型企业导入阿米巴经营模式，把稻盛和夫“敬天爱人和利他之心”的思想贯彻到企业经营活动中去，让员工具有用户思维，培养员工的成本意识和经营意识，为企业带来差异化的竞争优势。

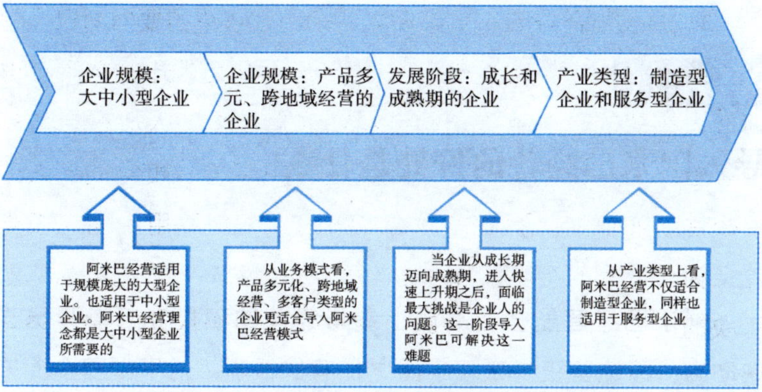

图10　适合导入阿米巴经营模式的企业类型

NO. 10

导入阿米巴经营的好处是什么

阿米巴经营能够提高员工参与经营的积极性，增强员工的动力，而这些正是京瓷集团之优势的根源。对于中国企业来说，导入阿米巴经营的好处，主要体现在如下几个方面：

1. 业绩可以马上就能知晓，提升员工的积极性

导入阿米巴经营之后，公司的任何信息都可以用数字来把握。对公司经营者来讲，他们可以马上就知晓业绩。工作价值判断的中心是利润，自己创造了这么多利润，或者造成了这么多损失，都能很快知道，阿米巴成员一起努力想方设法地实现结算结果的改善，可以鼓舞团队的动力和干劲。

2. 员工像玩游戏一样为了达成目标而努力

不满足于现状、设定更加高远的目标，这是领导者必须拥有的资质。阿米巴经营者总是想方设法让自己走在竞争对手的前面，不满足于现状，努力攀登更高的目标，员工就像是在玩游戏一样为了达成目标而努力。到了月末结算一出来，可以一目了然地知道当月是否完成了结算目标，可以清楚地看到每个阿米巴的盈利状况，准确地衡量与评估员工对企业所作出的贡献值。

3. 提升团队的活跃度和团结合作精神

导入阿米巴经营之后，员工之间的交流和沟通变得活跃。

同一个阿米巴内部的交流也会增多，由于提高绩效需要与其他阿米巴合作，因此阿米巴成员间的交流也会活跃和紧密起来，而且还能为企业培养更多拥有经营意识的人才。

4. 提高巴长的领导水平

在阿米巴经营，各个阿米巴领导者总是会思考如何才能提高利润。他们会积极地去催促销售部门多拿订单，想方设法提高生产效率；为了降低原材料成本，他们会积极地与采购部门交涉。总之，为了提高利润，他们尝试一切可以尝试的办法，这将提高他们的领导水平。

5. 激发员工创业的激情

导入阿米巴经营，将激发员工创业的激情，并转换成员工自身的意志，从而唤起他们无限的斗志。能够充分调动每一位员工的积极性，集结现有员工的智慧，在阿米巴巴长的带领下不断实现创新，敢于挑战任何未知的领域。

6. 为企业创造高收益

导入阿米巴经营，可以为企业创造出高收益。只要每个阿米巴组织能够做到“销售额最大化，费用最小化”，就有可能为企业创造出高收益。

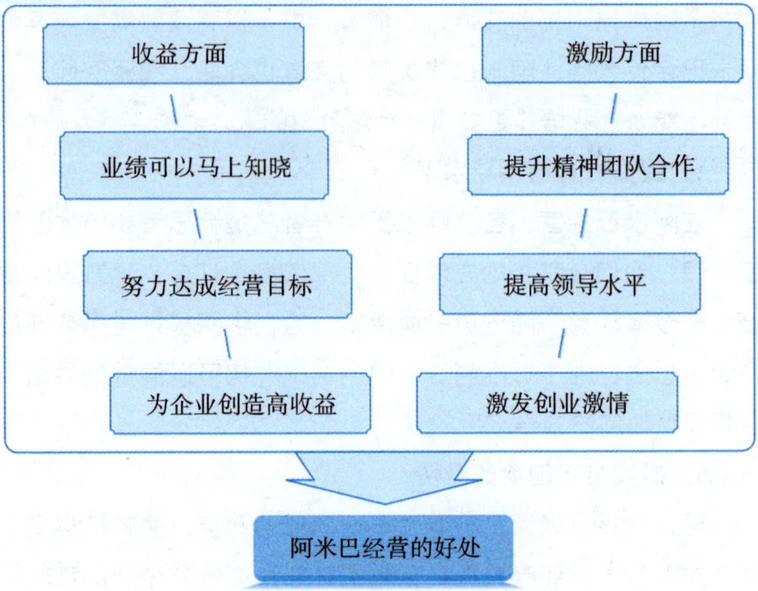

图11　导入阿米巴经营模式的好处

NO. 11

导入阿米巴经营的注意事项是什么

阿米巴经营的经营手法之所以能够让企业保持快速发展和持续高利润，其原因就在于采取了基于牢固的经营哲学和精细的部门独立核算管理。但企业在导入阿米巴经营时，应该注意哪些问题呢？下面我们来了解一下。

1. 企业要有强烈的变革精神，并在公司内部统一认识

对于大中型企业而言，要想既走得好，又走得远，就要按市场规律发展，而最根本的就是企业领导人要有强烈的变革精神和创新意识，能够顺应客观形势的变化，不断推进改革创新。

导入阿米巴经营，即实行组织改革和经营变革，用经营哲学武装全体员工的头脑并实现文化落地，这也是具体改革措施成功的关键。兵书云“兵马未动，粮草先行”，变革精神就是这里的“粮草”。只有在公司内部统一了认识，导入阿米巴经营才能事半功倍。

2. 清楚界定阿米巴的边界，理顺公司整个业务流程

这是导入阿米巴经营的关键。要做到这一点，就需要理顺和明确各阿米巴的责任、权限和利益，以及清楚界定阿米巴的边界，理顺公司整个业务流程，合并或重组企业内同类项，正确设置企业的利润中心和成本中心。为了顺利导入阿米巴经营，需要调整现存的组织形态，重新构建适合阿米巴经营的组织架构。

3. 正确理解“定价即经营”，导入内部交易机制

企业内各部门之间的定价非常关键，在公司内部确立合理的“内部交易”机制，实现从“交付”到“交易”，这是阿米巴经营的核心所在。

在明确了利润中心和成本中心之后，导入阿米巴经营，让相关部门都能形成自己的收入和支出，合理地核算出单位时间附加价值，能够有效地运营阿米巴经营。

4. 实行像玻璃般透明的经营，激活组织

导入阿米巴经营，需要在公司内部实现经营的透明化、公开化。这应该是正确运营阿米巴的保障。只有将经营做到公开透明，员工才能全面了解公司及阿米巴的经营状况，才能明确自己所在的阿米巴对公司成长的贡献，让员工与企业成为“精神共同体、命运共同体、目标共同体、利益共同体”，最大限度地释放员工的潜能。

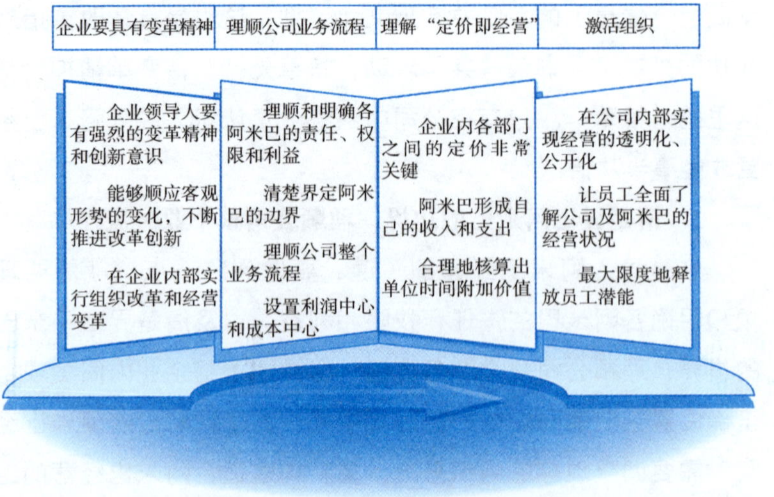

图12 导入阿米巴经营的注意事项

NO. 12

导入阿米巴经营之后企业会发生哪些变化

在导入阿米巴经营之前，很多企业都有这些管理难题：授权体系没有建立、精细化管理程度不高、公司内部明争暗斗、打工心态、各自为政、骨干难留、集体跳槽、抱怨工资低等。

阿米巴经营是以人心为基础的、让全体员工参与经营管理的经营手法，企业在导入阿米巴经营之后，都会发生哪些变化呢?

1. 从企业等级森严到扁平高效管理

中国很多企业等级森严，比较强调上下级。即下级服从上级，老板一言堂。这种制度不利于人才的培养，也影响员工的积极性和创新精神，也会因为冗长的决策流程而降低创造力。而扁平高效管理，即以导入阿米巴为契机来进行企业的组织构架改革，将企业划分成若干个阿米巴组织，这个划分工作却是至关重要。小团队高效率，会因为精简的人员架构而反应灵敏。稻盛和夫说："怎样去设定阿米巴组织，这是导入阿米巴经营的开始，也是导入阿米巴经营的结束。"

导入阿米巴经营的时候，需要将企业的组织分成两类：能够创造出利润的结算部门，以间接部门为主的只能作为成本中心的非结算部门。阿米巴组织主要是在结算部门内部进行设置。非结算部门的经费和成本，会在结算部门的阿米巴之间进行分摊。

2. 从高度集权到分权

在高度集权管理的企业，所有的权力都集公司老板于一身，所有的事都是老板说了算，这样会导致企业老板疲惫不堪。

导入阿米巴经营，即企业将阿米巴的经营管理权赋予阿米巴领导人，让其自行制订各自的计划，并依靠全体成员的智慧和努力来完成目标。

3. 从各自为政到团结奋进

在一些企业里，企业高层思想不统一、各自为政、互相拆台。企业高层以自我利益为中心，导致企业失去凝聚力、内耗增大。

导入阿米巴经营，在阿米巴经营哲学的影响下，使企业高层思想和价值观统一，真正落实“全员经营”的方针，发挥企业每一位员工的积极性和潜在的创造力，个人利益服从公司整体利益，避免大家的“各自为政”。

4. 从无人可用到人才辈出

中国企业当前存在两大痛点：一是无人可用，二是有人用不好。

导入阿米巴经营，可以突破无人可用的困境。阿米巴有让人才创造价值的氛围，通过竞聘等方式，让有管理能力和经营意识的人才脱颖而出。在阿米巴经营的过程中，也培养了巴长的领导力。通过建立阿米巴竞聘和晋升机制，使企业人才辈出。

5. 员工从打工者思维转变为经营者思维

由于企业缺乏有效的激励机制和经营管理模式，经营者的核算意识与盈亏意识薄弱，员工普遍以打工心态去工作。

导入阿米巴经营，由以前的员工雇用制，优化为合伙制，阿米巴组织可以是自负盈亏、收益分享，甚至员工持有一定的股份，员工成为经营合伙人。让各个阿米巴对收入和支出负责，各个阿米巴的领导者总是会思考如何才能提高利润，员工的收入也跟业绩挂钩，从而提升了员工工作的积极性，每个员工都将关注经营、关注利润、关注客户服务满意度。

6. 从连年亏损到逐渐盈利

一些企业在导入阿米巴经营之前，人才缺乏、员工怨气连天，企业亏损严重。导入阿米巴经营之后，考核模式发生改变，由以前的管理者考核模式，优化为客户考核模式（上下游环节也可以看作是客户）；由以前的KPI绩效考核，优化为利润考核。引入阿米巴核算体制，实现循环改善，激发了全体员工的积极性，由连续亏损到逐渐盈利。

典型的案例就是日本航空公司宣告破产，后来由稻盛和夫导入阿米巴经营模式，在宣告破产重建的第二年，就实现了扭亏为盈。

■ 导入阿米巴经营之前企业面临的问题

导入阿米巴前

1. 企业等级森严，比较强调上下级关系。即下级服从上级，老板一言堂
2. 高度集权管理的企业，所有的权力都集公司老板于一身
3. 企业高层思想不统一，各自为政，互相拆台
4. 企业存在两大痛点：一是无人可用，二是有人用不好
5. 企业缺乏有效的激励机制和经营管理模式，员工以打工心态去工作
6. 人才缺乏、员工怨气连天，企业亏损严重

实施解决问题的对策

导入阿米巴后

1. 进行组织架构改革，划分阿米巴组织，精简的架构而反应灵敏
2. 将阿米巴的经营管理权赋予阿米巴领导人，让其自行制订各自的计划
3. 植入经营哲学，企业高层思想和价值观统一，个人利益服从整体利益
4. 通过建立阿米巴竞聘和晋升机制，使企业人才辈出
5. 阿米巴自负盈亏，收益分享，员工也有资格成为阿米巴的合伙人
6. 引入阿米巴核算体制，实现循环改善，由连续亏损到逐渐盈利

通过导入阿米巴经营前后的对比，可以看到企业发生巨大的变化，也认识到阿米巴的价值

图13　导入阿米巴经营模式之后企业发生的变化

第三章 阿米巴经营模式实施的标志

CHAPTER 3

稻盛和夫的“经营十二条”（二）

第七条：经营成功取决于坚强的意志

第八条：燃起斗志

第九条：拿出勇气做事

第十条：不断从事创造性的工作

第十一条：以关爱和诚实之心待人

第十二条：保持乐观向上的态度

NO.13

阿米巴经营模式导入分成几个阶段

阿米巴经营模式导入分成三个阶段：一是方案和系统的制作导入阶段；二是运营实施阶段；三是改善提升阶段。同任何一项新的管理模式的引入一样，阿米巴经营模式的导入也会有阻力和障碍。若要有效地克服阻力，使阿米巴经营模式能够顺利地导入并快速产生效果，高层管理者必须制订恰当的企业战略计划，对阿米巴经营模式进行必要的支持和高层驱动，使其能够在企业中发挥出核心价值和重要作用。

1. 方案和系统的制作导入阶段

（1）目的。

建立阿米巴组织、制订经营计划和费用预算、制定阿米巴经营会计体系。

（2）标志。

阿米巴经营模式试运行。

2. 阿米巴运营实施阶段

（1）目的。

完善阿米巴运营系统（阿米巴组织架构、核算体系、流程、经营数据、阿米巴表单、改善方案）。

（2）标志。

阿米巴运营体系运行正常、员工经营者意识增强、改善方案有所提升。

3. 改善提升阶段

（1）目的。

提升经营业绩、降本增效、培养人才。

（2）标志。

阿米巴经营模式运营成熟、阿米巴经济收益变化明显、一批具有经营意识的人才出现。

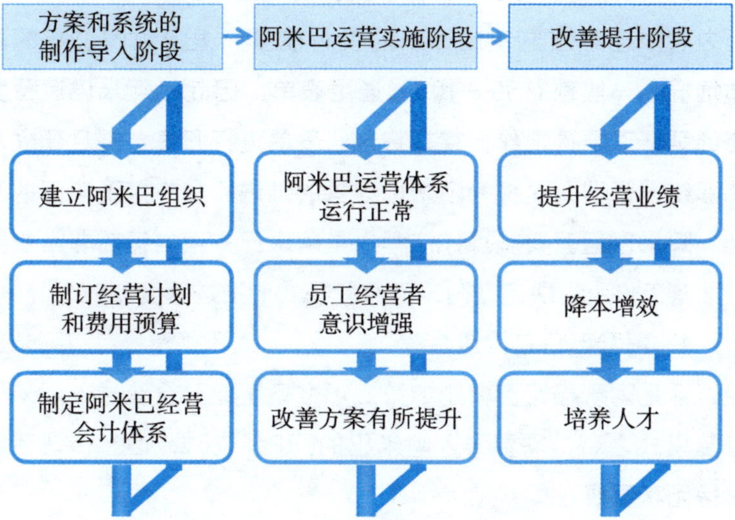

图14　阿米巴经营模式导入的三大阶段

NO. 14

阿米巴运营实施的准备工作有哪些

在阿米巴经营方案设计完成后，运营实施前一定要做好四个准备工作。

1. 经营表单的规范及操作流程的规范

阿米巴经营方案设计中的表单很多，根据不同公司的具体情况，一般都有50～100张通用表单。因此，阿米巴运营实施的第一项准备工作，就是将这些表单进行归集，并且建立表单库统一管理，这将为阿米巴运营的推进和实施打下牢固的基础。阿米巴运营实施操作流程也是阿米巴方案推行前非常重要的准备工作，它决定着阿米巴经营模式的推进速度和效果。

2. 阿米巴信息传递系统

这是阿米巴运营实施的第二项准备工作。企业导入阿米巴经营模式之后，需要导入阿米巴的ERP系统时，信息传递系统显得尤其重要。

为什么说阿米巴信息传递系统很重要呢？在阿米巴运营过程中，有很多的数据和表单需要阿米巴运营组织或人力资源部门、财务部门人员配合制作和沟通传递，因此，把阿米巴信息传递流程和时间要求制作成一个文件系统很有必要。

明确了阿米巴信息传递的过程和相应的责任人及时间要求，将极大提升阿米巴运营的效率，也能将相应的事项进行权责对应，做到分工明确，协作完成。

3．经营计划和费用预算

凡事预则立，不预则废。经营计划和费用预算做得好的公司，在阿米巴运营过程中效果会更好、更明显。做好经营计划和费用预算的步骤及要点是什么？

（1）统计历史数据。

在做年度经营计划时，最好能统计到1～3年相应的历史数据，并按照相应的科目进行分类、分维度统计，同时找出历史数据的规律，作为新年度制订经营计划的依据。

（2）确定年度经营目标。

公司的年度经营目标是制订经营计划的难点。经营目标最好采取“自下而上”和“自上而下”相结合的原则进行。“自下而上”即由各阿米巴单元根据历史数据分析（业务变化和增长规律）和新的增长点（产品、客户、区域等）形成每个单元的业务目标；“自上而下”即由公司根据战略发展需要，制定公司宏观的目标。“自下而上”和“自上而下”相结合的原则也就是公司和各阿米巴单元协商沟通的过程。这样得出来的目标既符合公司的战略发展，也符合员工的意愿和能力范围，可行性非常强。

经营目标制订后还需要进行分解。一般可按相应的维度进行，如：按人员维度、按时间维度、按产品维度、按客户维度等，这是目标进一步细化的过程。

（3）费用预算。

费用预算建立在经营计划和确定目标的基础上，经营计划和确定目标在分解后形成阿米巴单元的重点工作。重点工作的提炼为费用预算做准备，每项重点工作所花费的汇总就是预算。在此过程中，要注意费用科目的设计。

4．阿米巴运营管理部的筹建

稻盛和夫在《阿米巴经营》中一再强调，要成立阿米巴的运营部门。导入阿米巴经营模式之后，很多阿米巴运营工作无法黏合，也许仍然会出现导入阿米巴之前的相互推诿和相互扯皮的现象，这就需要阿米巴运营管理部门进行统筹和协调，有效地推进阿米巴经营的实施。阿米巴运营管理部的筹建包括三个方面的工作：

（1）成立独立的阿米巴运营部门。

（2）明确阿米巴运营部门的职能。

（3）阿米巴运营部门人员的确定。

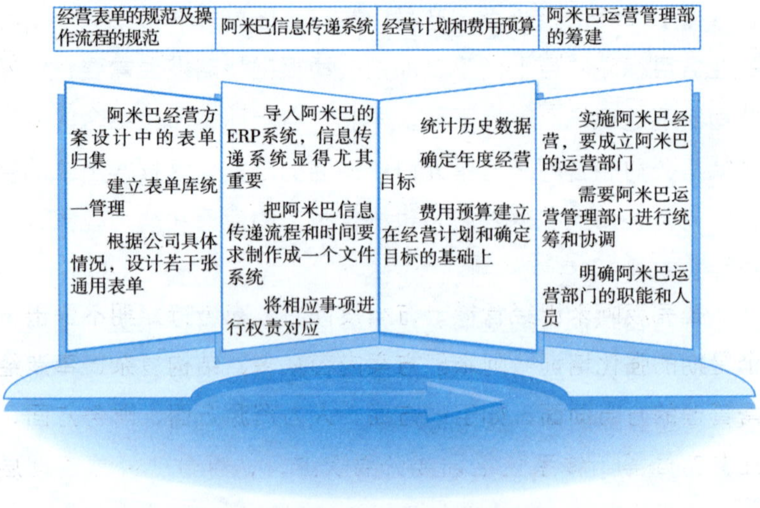

图15　阿米巴经营实施的准备工作

NO. 15

阿米巴实施的重要工作是什么

阿米巴实施的标志是能够制定出阿米巴经营报表，成功实施阿米巴的标志是：企业里是不是有更多的人在关心收益和算账。而阿米巴实施的重要工作，体现在如下几点：

1. 阿米巴经营模式系统培训

此时的培训不再局限于对阿米巴的认知和普及，而是深入有目的性、有层次性地进行培训。根据笔者的经验，认为从以下几个方面开展培训比较有效。

（1）经营哲学的深化培训。

在阿米巴运营项目中，进行过阿米巴经营哲学的培训，提炼自己公司的哲学会更好。企业的愿景、使命和价值观在培训过程中灌输到员工的头脑里，利他共赢的精神会形成共识，这为后续的阿米巴激励做好铺垫。

（2）阿米巴经营模式体系培训。

在完成阿米巴经营模式方案设计后，应进行为期不少于一个星期的强化培训。阿米巴方案内容众多、结构复杂、牵涉经营管理的方方面面，如组织方面、人力资源方面、财务方面、业务方面等。体系化培训要分层次进行，可分成经营管理层（包括各级巴长）培训和员工培训。经营管理层培训是重点，需要经营管理人员，特别是各级巴长充分熟悉阿米巴体系结构和操作要点。

2. 阿米巴运营会议的形式

阿米巴运营会议可分成日早会、周会、月会等形式。

（1）日早会。

利用上班前的几分钟时间，巴长将过去一天中阿米巴的运营情况向大家进行通报，并且对发现的问题进行提醒和在新的一天中进行改善。

（2）周会。

周会一般定期在周一的早上进行。这样可以将上一周的经营情况进行通报分析，还可以在新的一周开始时，确定本周的阿米巴计划和重点工作。周会可以让阿米巴成员轮流主持，好处是：可以锻炼阿米巴成员的总结和计划能力；让阿米巴成员充分参与经营。当然，周会的流程和议程是需要明确的，时间不超过半小时为好。

（3）月会。

月会是阿米巴运营中最重要的一个环节。月会的重要节点有：

①开会的时间。一般不能超过10号，超过10号的月会对本月的阿米巴运营便失去了借鉴和改善意义。所以，在阿米巴信息畅通的情况下，次月的5号左右进行上月的阿米巴月度总结是最好的时机。

②阿米巴月会参加人员。阿米巴委员会的成员原则上都要参加阿米巴月度总结会，各级的巴长必须参加阿米巴月度会议。有些公司因阿米巴层次（分成一级巴、二级巴、三级巴等）较多，可按阿米巴系统和层次召开。

③月会的内容。阿米巴月会分成总结和计划两部分的内容。

3. 阿米巴改善分析

月度还有一个非常重要的目的，即对经营状况进行改善。各阿米巴单元通过提出改善方案，并做出具体计划和总结来提升阿米巴单元的业绩和效率。对不同的阿米巴单元，改善方案的重点不一样，如对利润巴的改善，关键在对外的销售和价格及产品；对成本巴的改善，着眼点在成本的控制和降低；对预算巴的改善，在于工作完成的数量和质量。每月的月会开始，都应对上月的改善方案的达成情况进行总结和分析。

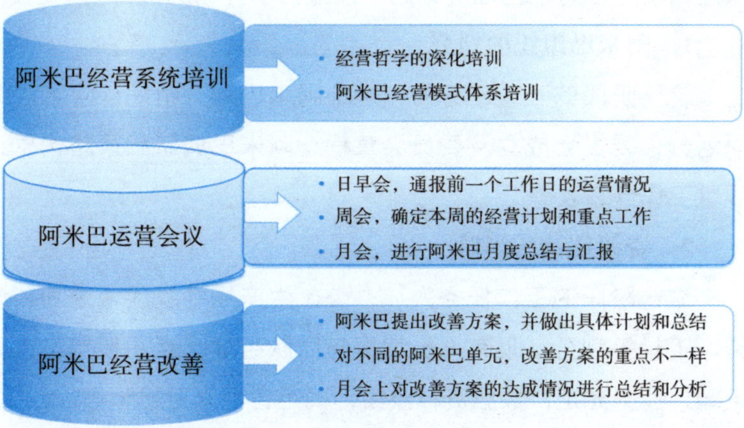

图16　阿米巴实施的重要工作

NO. 16

如何制订阿米巴实施的计划、流程

制订阿米巴实施的计划和流程，需要明确实施时间、工作任务、主导者、协助者、关键流程。确定各主导人及协助人按计划在规定的时间内完成相应的工作任务；各巴长确定后，需拟订相应的各阿米巴推进计划，以配合总计划的执行。

1. 阿米巴组织的划分

这一阶段的工作任务为：求证阿米巴划分组织；阿米巴组织划分；委员会成立及委员会章程；阿米巴调研和策略构思；项目工作计划表等。

2. 资源统计与筹划

这一阶段的工作任务为：办公、生产场地及区域规划；设备、工具等划分；现有人员划拨与团队组建；组织架构与人员定编；业务界定；数据资料收集；确定各阿米巴巴长等。

3. 阿米巴运营管理体系

这一阶段的工作任务为：确定各阿米巴的收益与分配预测；内部交易规则；独立核算表单设计；权限设计；监督审计管理规定；各阿米巴核心流程梳理；各阿米巴职能与职责的规范；各阿米巴与各部门对接事项界定等。

4. 目标与预算

这一阶段的工作任务为：确定各阿米巴年度人力成本预

算、费用预算；各阿米巴年度收入预测；各阿米巴年度业务计划等。

5．财务数据梳理

这一阶段的工作任务为：编制资产负债表；库存盘点；应收、应付账目；各阿米巴年度利润预测、工资预测、成本预测；分摊科目与标准；内部交易及收费标准界定等。

6．阿米巴推行

这一阶段的工作任务为：正式启动阿米巴各项工作；召开发布大会；签订阿米巴协议；确认各项准备工作；资源到位。

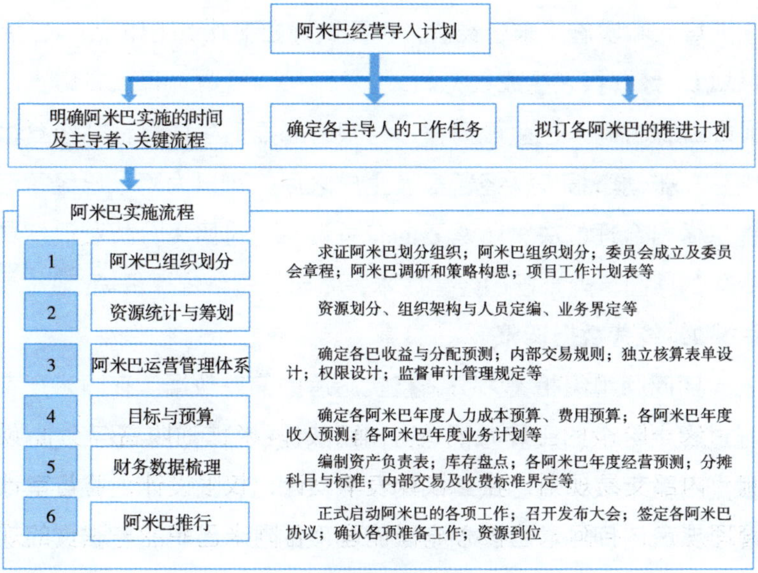

图17　阿米巴经营的实施计划、流程

NO. 17

企业如何实施阿米巴经营

越来越多的中国企业采用了阿米巴经营模式，除适应企业生命周期进程和多元化战略的客观需要外，增强灵活应变能力，引入独立核算机制和实现对人才的有效激励与培养是中国企业导入阿米巴的主要原因。但在阿米巴实施过程中要注意组织划分的科学性，资源分配的合理性和与战略的协调性问题。企业导入和实施阿米巴经营，也要做好如下几点工作：

1. 经营报表生成

确保各阿米巴生成周报、月报，必要时生成日报。经营报表是一张动态报表，经营报表生成之后，可以为阿米巴经营者提供做出合理的决策所需要的有关资料，可用来分析利润增减变化的原因，阿米巴的经营成本，做出投资价值评价等。

2. 经营数据调整

顾问师组织相关人员调整实施后的偏差数据。在阿米巴实施过程中，企业只能为管理咨询团队提供往期财务报表，以及根据财务报表编制基础编制的预测数据。为此，企业需要集成各个系统不同的数据，制定数据抽取的统一策略，初步实现了经营分析系统的基本功能。

通过经营分析系统，实现对数据的动态调整，从而对生产经营和业务发展趋势做出科学合理的预测，帮助公司及时掌握市场动态，准确地把握市场的脉搏，及时制定高效合理的经营策略，更好地适应日趋激烈的市场竞争环境。

3. 内部协调矛盾

顾问师主导协调各个交易关联方的各种矛盾。通过导入阿米巴经营哲学和经营会计，使各个阿米巴之间的产品或服务交易有章可循，使阿米巴的负责人做出公平、正确的判断，降低企业内部矛盾，使各阿米巴更趋公平。各阿米巴之间可以有比较、有竞争。由此增强企业的活力，促进企业的全面发展。

4. 阿米巴业绩提升

全面辅导人、财、物、研、产、供、销等系统提升业绩。企业导入和实施阿米巴经营，促使企业达到权责分明、赏罚有度、科学管理的目的。通过改进阿米巴业绩评价方法，使企业加强业绩评价，开展有效的成本控制，提高生产效率，改善经营现状，增加经营利润。

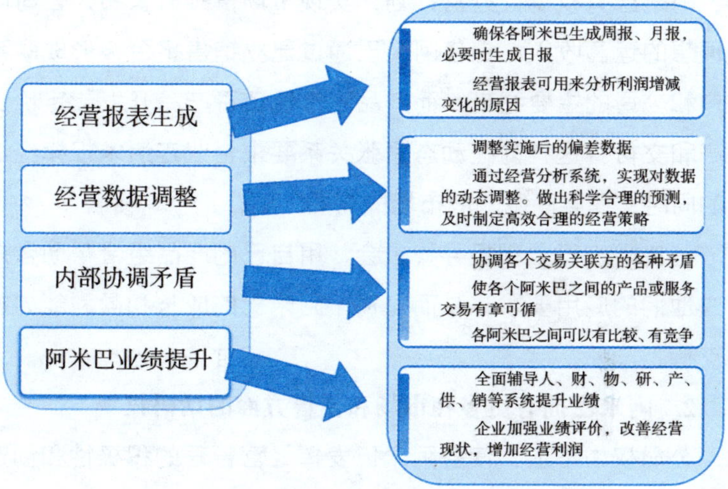

图18　实施阿米巴经营的关键策略

NO. 18

阿米巴实施效果：如何使销售增长

企业导入和实施阿米巴经营之后，阿米巴组织拥有更多的自主权，每个阿米巴都要编制资产负债表和损益表，阿米巴根据业绩表现获得短期奖励。产品和客户导向的组织结构变革，成功改变了企业，使产品开发的专业性加强，使产品的提供和营销更贴近每个市场的客户需要，加深了在各产品领域的研发专业能力。

阿米巴实施之后，为什么销售会增长？这是因为：

1. 阿米巴能够积极响应市场，以客户为中心

阿米巴有权制订经营计划，实现市场份额增长和为公司创造理想的运营收入。销售阿米巴通过建立销售平台，形成联系客户和公司的主要纽带。而产品阿米巴负责产品开发、定价、生产和交货。这种内在动态紧张关系要求企业在追求规模经济性的同时，还要高度响应市场的需要。

销售阿米巴要积极寻找机会，用自己的产品组合帮助客户解决他们的应用要求，从而为每个阿米巴的成长和盈利能力提供支持。

2. 阿米巴拥有更多在市场和销售方面的话语权

公司权力下放，使各阿米巴发挥经营管理的积极性和创造性，从而提高企业的整体效益。阿米巴拥有更多在市场和销售方面的话语权，巴长可以根据市场的情况来制定销售策略。重新定义了自己的使命、意愿和组织的价值观，提出了支持各阿米巴和整个公司发展的销售战略。统筹各产品的服务和营销，加强客户服务和品牌管理，这也是销售增长的有力保障。

3．把团队激励和个人激励整合到一起

阿米巴经营重视团队激励，团队激励将提升各阿米巴的销售收入和利润增长。通过团队激励，促使销售人员为其他阿米巴提供销售支持，和客户一起工作，为公司的产品寻找销售机会和新用途。对客户经理们来说，团队激励这一块占了他们浮动工资的将近一半。

个人激励是以个人销售成果为基础的。由于每个客户需要的产品组合各不相同，每个客户经理可能同时为几个或所有的阿米巴提供销售支持，因此企业需要对不同的角色量身制订激励计划。

企业通过将团队激励和个人激励整合到一起，有效激励销售人员的积极性，促使销售额增长。

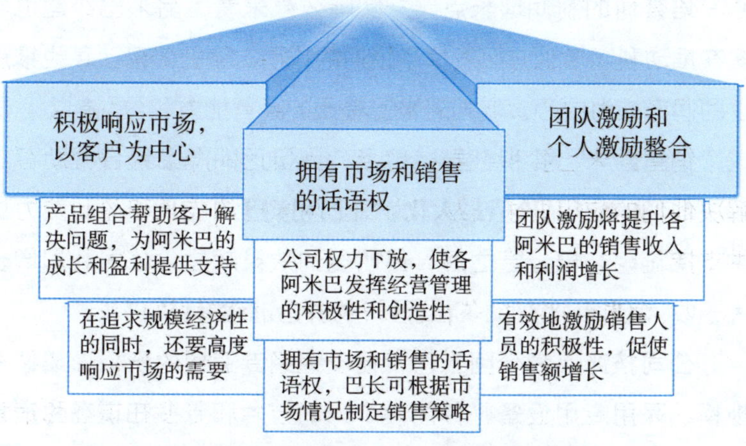

图19　阿米巴经营实施之后为何销售增长

NO. 19

阿米巴实施效果：如何使利润增长

实施阿米巴之后，也就创建了有利于业务创新和利润增长的经营模式，公司根据不同业务的发展阶段来设计业绩合同和激励机制，形成对阿米巴的整体规划，让各个阿米巴自行制订经营方案，从而推动利润的增长。

1. 建立更多的利润中心，培育新的利润增长点

公司划分成若干个阿米巴，目的在于通过阿米巴经营模式强化各条线的专业能力，培养中层领导干部，并进一步明晰各阿米巴的盈亏情况。

实施阿米巴经营，以期捕捉特定领域涌现的市场机会，引领业绩增长。充分利用公司的多元化战略，建立更多的利润中心，培育新的利润增长点。从实际效果来看，阿米巴经营也确实在推动利润增长方面发挥了预期的作用。企业经营改革也推进以利润考核为中心，增强阿米巴单元的经营能力和盈利能力，形成“经营哲学”和“经营会计”双轮驱动利润增长新模式。

2. 实现产品价值最大化，开创利润上升空间

实施阿米巴经营之后，最明显的效果就是：公司利润增长大于收入增长，企业不断做强，成本也迅速降低。

公司按产品划分阿米巴，便于组织专业化生产，形成经济规模，采用专用设备，并能使个人的技术和专业知识在生产和销售领域得到最大限度的发挥，因而有利于提高劳动生产率和企业经济效益。

企业以提升阿米巴组织的综合实力为目标，以市场需求为导向，极力打造产品的多方位差别化优势，实现产品价值最大化，开创利润上升空间。利用价值创新的理念，积极寻找新的利润增长点，持续提高阿米巴的盈利能力。

3．增强跨区域跨行业跨市场经营能力，提高盈利贡献度

实施阿米巴经营，企业要以客户为中心、理顺流程、重组机构、做大利润，发挥好在建平台、拓渠道、增利润中的作用。推动阿米巴组织的发展，增强跨区域、跨行业、跨市场的经营能力，提高盈利贡献度。融入集团发展的战略，实现业务融合、客户共享、IT落地等。

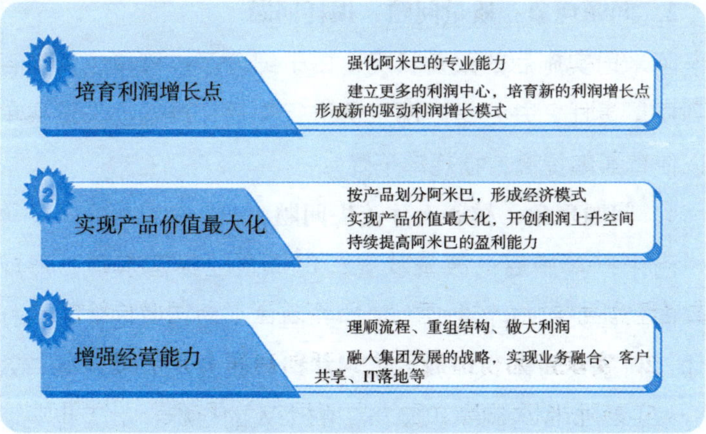

图20　阿米巴经营如何使企业利润增长

NO. 20

阿米巴实施效果：什么问题得以改善

阿米巴经营不仅有一套合理的、完整的管理体系，而且也是进行现场改善的工具。中国企业实施阿米巴经营，可以使困惑多年的经营难题得以循环改善。

1．问题现象：交货期问题和推诿问题

阿米巴实施后的改善状况：由于巴长有很大的决策权，同时又进一步分权给二级、三级巴长，决策速度大大提高，从打样到谈判、采购、安排生产等各个环节的效率大大提高。

2．问题现象：质量问题、损耗问题

阿米巴实施后的改善状况：由于细分了核算单位，很容易找到质量责任，并且是内部定价进行交易，谁的损失谁买单。可以使直通率提高，损耗率下降。

3．问题现象：核心人才流失问题

阿米巴实施后的改善状况：提炼企业经营宗旨，形成理念导向，让员工与企业成为精神共同体、命运共同体、目标共同体、利益共同体，释放员工潜能；把企业的战略目标有效进行分解，转变成各阿米巴及员工的个人的目标，员工也更切实地认识到自身岗位所肩负的责任及对组织的贡献；建立切实的利益分配制度，在物质分配与奖励的同时，应逐步提高精神激励，以使优秀人才安心于本职业与本岗位，与企业一起创新成长；让员工公平公正地参与竞聘阿米巴巴长，培养与企业家理念一致的经营人才。

4. 问题现象：激励问题

阿米巴实施后的改善状况：企业建立了股权激励、晋升激励、精神激励等机制，激励全体员工为了公司的发展而齐心协力地参与经营，在工作中感受人生的意义和成功的喜悦，实现“全员参与的经营”。

5. 问题现象：权责利不统一的问题

阿米巴实施后的改善状况：阿米巴责权利三位一体，即责任、权力、利益均统一与阿米巴经营者一体，阿米巴经营者既是责任的承担者，也是权力的拥有者和利益的享受者。

阿米巴的责权利互相挂钩，相辅相成、相互制约、相互作用，使阿米巴成员能够有责有权有利，克服有责无权或有责无利的责权利脱节状况。

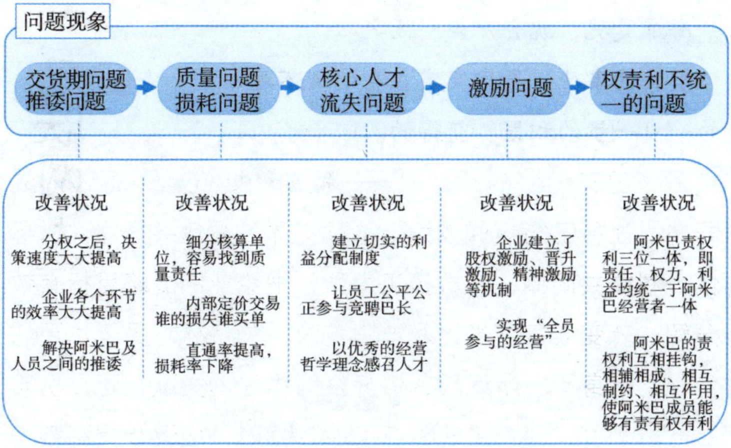

图21　阿米巴经营循环改善管理难题

第四章 阿米巴经营模式与『互联网+』

CHAPTER 4

NO.21阿米巴经营与“互联网+”的逻辑关系是什么

NO.22互联网公司为何钟情于阿米巴经营模式

NO.23阿米巴为何成为传统企业互联网转型的路径选择

NO.24互联网时代，企业如何进行组织变革

磨炼灵魂，就会产生利他之心。

宏伟的事业，是靠实实在在的微不足道的一步一步的积累、获得的。

——稻盛和夫

NO. 21

阿米巴经营与“互联网+”的逻辑关系是什么

很多企业在导入阿米巴经营的同时，也启动互联网转型战略，积极对外投资具有成长性的互联网企业，通过对互联网的布局，不断提升产品的创新竞争力，推动企业转型升级，打造一条全产业链的互联网生态圈。

阿米巴经营与“互联网+”的关系，我们总结为如下几点：

1. 企业的各价值要素重组成平台化的价值网络

在互联网时代，企业的改造已经从传播、流通环节，渗透到了生产、研发、设计等全价值链，导入阿米巴经营模式，以及形成产业互联网之后，企业之间的分工与协作方式在发生巨大的变化。传统意义上的线性价值链逐步瓦解，各价值要素重组成平台化的价值网络。

例如，在制造业企业里，在互联网驱动的新型协同制造模式之下，制造业企业将不再自上而下地集中控制生产，而是以价值链进行划分阿米巴组织，从顾客需求开始，到接受产品订单、寻求合作生产、采购原材料或零部件、共同进行产品设计、生产组装，整个环节都通过互联网连接起来并进行实时通信，从而确保最终产品能满足客户的个性化需求。在“阿米巴经营模式+互联网”之下，企业之间的协作关系必然要重塑。

2. “平台+创客”的协作模式

企业导入阿米巴经营模式之后，企业的组织模式不再是传统的企业和雇员，而是平台与创客。产业结构将发生变化：横向按照产品、客户、区域等，切分成一个一个的阿米巴组织；纵向按照功能，聚合为一层一层的平台。在互联网形态下，大多数行业都将变成“平台+创客”的协作模式。

阿米巴经营与“互联网+”都是企业转型升级的重要利器。每个企业都要对这场商业模式变革进行深刻认知和系统思考。能够站在产业视角，去审视所处产业未来的发展格局，重新思考自身的战略定位，然后形成适合自身企业的发展路径。

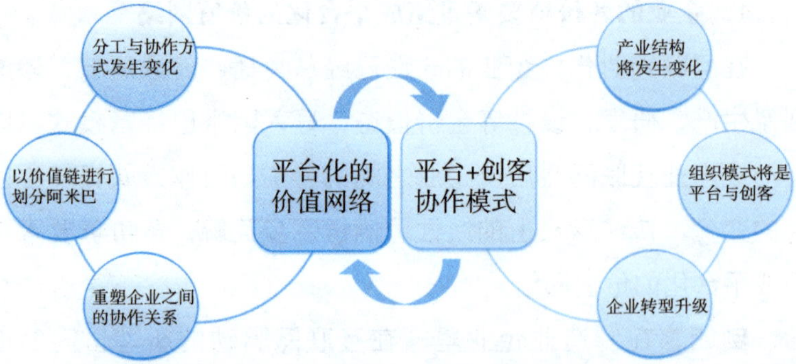

图22　阿米巴经营与“互联网+”的逻辑关系

NO. 22

互联网公司为何钟情于阿米巴经营模式

在互联网企业汹涌而来的今天，很多企业导入和实施了阿米巴经营模式，即企业内部按产品、服务对象或涉及产业设立的一级阿米巴组织，它拥有相对独立的产品设计，开发和运营的权力，是个独立核算单位。企业总部对阿米巴实行监控，互联网企业导入阿米巴经营模式，打造自身独特的“航母战队”。

互联网企业为何钟情于阿米巴经营模式？我们概况为如下几点：

1. 阿米巴经营简化了决策过程，分权下更机动灵活

企业导入阿米巴经营的好处显而易见。对于某个具体产品或服务而言，阿米巴经营简化了决策过程，分权下更机动灵活，市场竞争更有针对性和及时性。

2. 从组织授权来看，可以让企业总部高管专注于战略问题

阿米巴经营模式在大型互联网企业应用得越来越多。依赖于迭代、灵活和创新起家的互联网企业更加注重授权的充分性。从组织授权来看，可以让企业总部高管专注于战略问题，而阿米巴组织则专注于经营。

阿米巴团队完全由巴长进行自主组建。主要特点是：阿米巴的巴长具有完全的自主权；根据总部的原则和建议进行阿米巴战略与目标设定；阿米巴其他成员仅向巴长汇报；各阿米巴能够充分发挥小公司的创业精神。

3. 阿米巴经营更灵活，适合热衷于架构调整的互联网企业

阿米巴经营灵活性更是优于传统的科层制，在组织发展变革频繁性调整更是互联网企业的家常便饭。例如，阿里巴巴是最热衷于架构调整的互联网企业，几乎每隔一段时间，就会传出阿里巴巴架构调整的消息。阿里巴巴在组织建设中提出“大中台，小前台”的理念，也是布局未来发展在组织结构层面上的重要战略变革。

4. 阿米巴经营对互联网产品创新具有促进作用

不仅仅是互联网行业，在所有行业里，以产品（或服务）分类管理的阿米巴经营模式，对产品创新形成促进作用。而在产品进化中大抵包括两种模式：一是“渐变型”模式，另一个是“突变型”模式。例如腾讯的主营产品是QQ，在“渐变型”模式产品进行的思路下，围绕着QQ形成几乎不可分割的诸多“QQ周边产品”。而“突变型”模式是完全颠覆和创新，蓄势开拓，在下一个波长的技术发展中继续占据有利地位。

5. 阿米巴经营可以满足互联网时代用户的个性化需求

阿米巴经营适合互联网快节奏的变化，精准衡量互联网企业创意工作的价值，有力激发员工的创造力，让企业的业绩和员工的收益倍增。

企业导入阿米巴经营，可以满足互联网时代用户的个性化需求。互联网时代是用户决定企业的生死存亡，企业通过授予一线员工最大的自主权和决策权，让员工在第一时间对用户的需求做出反应。例如，一线的阿米巴组织发现用户需求，二线支持平台马上就要提供支持，全流程协同起来，以最快的速度满足用户的需求。

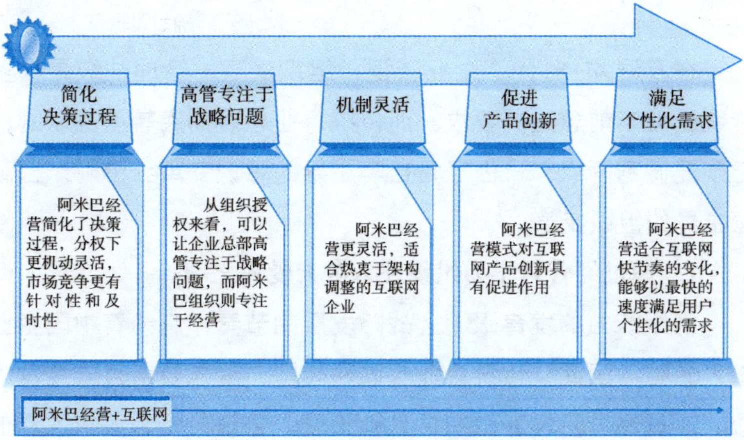

图23 互联网企业导入阿米巴模式打造自身独特的“航母战队”

NO. 23

阿米巴为何成为传统企业互联网转型的路径选择

在互联网+时代，企业转型、组织变革、管理升级是很多传统企业当前急迫的要求。而传统行业想要彻底转型互联网，必须要做到两点："由经营哲学主导的意识变革，由阿米巴经营主导的组织变革。"

1. 通过经营哲学为组织注入敬天爱人之魂

组织能力的发育跟不上战略发展的节奏，制约着中国企业做大做强。因此，传统企业互联网转型，首先要用哲学经营人心，通过经营哲学为组织注入敬天爱人之魂，为个人植入利他之心。

具体操作方法为：

目标明确：员工清晰新一年要提升的方向与目标并充满信心与期待。

即时激励：实现即时激励，即时评价员工日常行为表现。

文化升级：经营哲学渗透到经营管理的每个环节，激发员工的执行力、创造力。

自我实现：激发员工对荣誉的重视，挖掘人的内在需求。

长效激励：以丰厚的未来价值吸引员工长期服务。

2. 赋予一线员工经营权力

传统企业是金字塔式的管理结构，传统的企业很难在互联网的竞争市场下，做出特别创新的产品或者是服务来。因为整个市场机会发现敏锐度非常差，协作效率也非常差。因此，传统企业互联网转型，需要赋予一线员工经营权力。

具体操作方法为：

明确责任：以阿米巴为单位确定销售任务目标。

确定权力：阿米巴组织需要对销售额负责，并且自行决定产品类型和生产数量；自行确定基准销售价格；确定打折的节奏和深度，都是每个产品阿米巴自己定。

利益分配：业绩的提成直接给阿米巴小组，至于小组内部如何分配，由巴长来分配，公司不管。业绩最好的阿米巴组织有单独的奖金奖励。

3．形成自由竞争的经营环境

传统企业需要激活组织，就要形成自由竞争的经营环境。导入阿米巴经营模式之后，整个公司形成一个很激烈的自由竞争的氛围，紧接着就进入了一个非常重要的环节叫作阿米巴组织分裂。优秀的小组成员，可以组建一个小团队享有奖金分配权。这就有一个阿米巴组织分裂，从原有的那个小组里面分裂出来组建新的阿米巴小组。阿米巴组织分裂后，可以自由组合，自由组成小团队，得到公司支持之后，就开始运营。由此，传统企业人才流失的现象得以遏制，员工都在内部创业。

4．内部创业已经成为互联网化转型的重要工程和方法

在一个传统、庞大的企业中，有没有可能孵化出互联网化基因的项目或者业务？互联网时代具有高度的不确定性，如要推进互联网化的转型，既要克服大企业保持动态的灵活性，又要快速响应需求，最好的办法就是鼓励内部创业。

内部创业已经成为互联网化转型的重要工程和方法，成为

互联网化的过程中需克服内部僵化、主动迎接环境变动和新机会。内部创业需要一个自下而上的愿望和能力，也需要自上而下的引导和扶持。

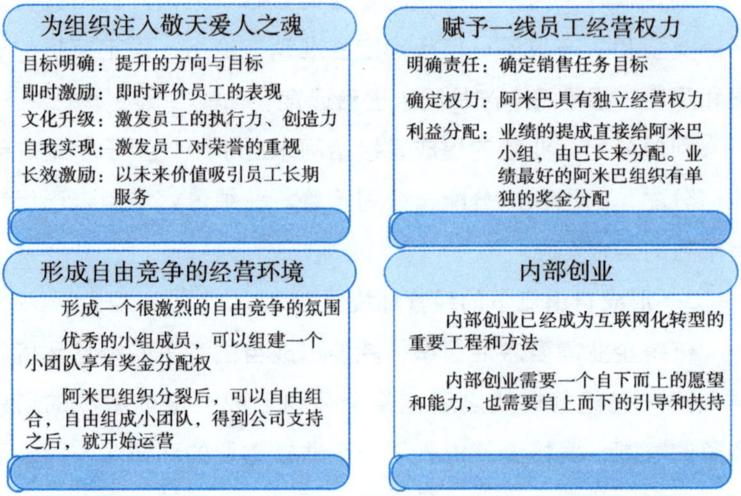

图24　阿米巴成为传统企业互联网转型的路径选择

NO. 24

互联网时代，企业如何进行组织变革

当前，很多企业都在寻求转型。企业转型，可以导入阿米巴经营，深入到组织内部的变革，不断地进行组织构架的调整，以适应特定的发展阶段。

行业环境变化决定组织调整。当下，企业寻求组织调整，更多是因为行业在大环境变化之后，企业要重新调整战略和投资布局的需要。应对当下行业形势做出的改变主要有合伙人制度，产品创新，以及服务创新等，如果这些都还停留在原有的组织框架里打转转，是掀不起多大风浪的。

1. 企业总部的组织架构变革

企业导入阿米巴经营，推动合伙人制，其实这只是组织架构调整的一个节点。

组织架构调整之后，整个构架大为变化：层级少了，阿米巴组织多了，业务职能不见了，业务管控相对之前放权更大，总部的定位发生了变化——更像是一个投资总部……总体而言，导入阿米巴经营之后，公司总部正在向投资型总部转变，强化了投资监管，下放经营权。

完成集团管理扁平化的架构改造之后，高管团队更加年轻化，这些无疑都是完成经营目标的强有力保障。可以使业务决策重心下移，使总部能够腾出更多时间关注新业务的发展，通过投资、收购兼并、自行孵化等手段发展新型业务，创造新的利润增长极。也能够让听得见炮火声的巴长承担日常决策和管理工作。

2. 导入阿米巴经营之后，组织架构调整如何落地

导入阿米巴经营之后，如果企业真正实现了用合伙人模式、扁平化架构来经营管理，那么，最合适的、最好的组织框架自然会水到渠成。

企业进行组织变革，主要通过如下方式进行：

（1）业务板块层面的落地。

企业总部将投资决策权、奖金分配权，乃至大部分人事任命权都下放到阿米巴组织。决策主要通过成立阿米巴推进委员会，通过月度例会的形式解决。

鼓励内部创业，成立若干个阿米巴组织，实行市场化运作。

（2）职能线层面的落地。

组织架构调整之后，为支撑业务发展落地，职能线维度也发生了变化。

围绕产品线。设立了产品阿米巴、品牌管理阿米巴，负责从产品的客户分析、规划设计，到管理和营销的全过程。

围绕运营线。建立资金管理中心、财务管理部和战略与投资部，负责投融资、财务安排、运营管理以及企业发展战略规划。

围绕监控线。设立流程与信息部和风险管理部，负责重大决策监控、流程优化、信息的技术实现和支持、内部审计和风险防范。

组织架构调整之后，职能上是业务构建利润中心，企业总部则将更多的时间放在新业务的拓展上。

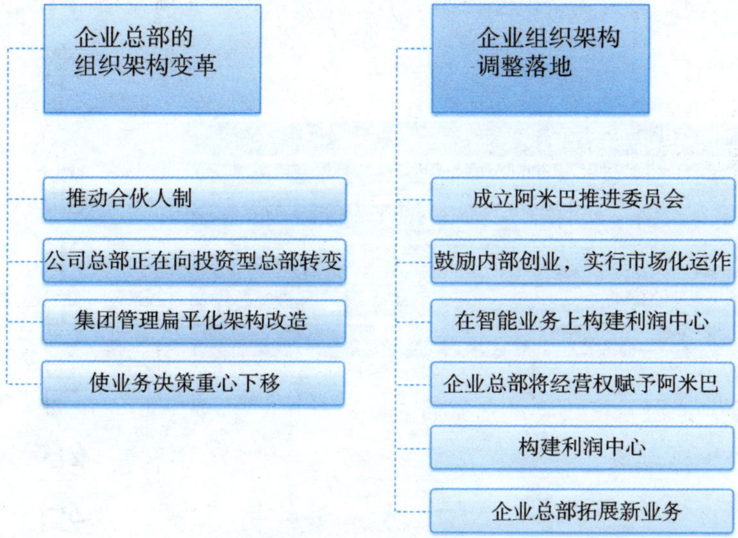

图25　企业组织变革

第五章 阿米巴与组织平台化

CHAPTER 5

稻盛和夫的“干法”

“人为什么要工作？”许多人把“努力工作”“拼命劳动”看得毫无意义，他们甚至对积极工作的人报以冷笑和鄙视。而我想以我的亲身经历告诉大家：理解工作的意义，全身心投入工作，你就能度过幸福的人生。

NO.25

组织平台化的发展路线图是什么

在风起云涌、竞争激烈的商业大潮中，不进则退。很多遇到低潮期的企业，果决地导入平台阿米巴，运用先进的管理理念拓展发展新方向，为企业发展制定平台发展路线。提出生态圈战略，在实现扭亏为盈的基础上，实现更加快速的发展。

导入平台阿米巴，使组织平台化，我们需要理解其指导思想、发展路线图和发展基石。

1. 组织平台化的指导思想

组织平台化的指导思想是发展共创共赢生态圈。未来，产业生态圈协同共赢的趋势会越来越强烈，平台未来的发展一定会支持更多的创新和孵化。

平台型企业就是快速配置资源的一个生态圈，这是一个生生不息的系统。企业可以在制造、产品、战略三个方面，搭建起多方利益共创共赢的生态圈，搭建起开放的平台，吸引全球一流资源参与研发，从而持续不断地产生颠覆性的创新成果。

2. 组织平台化的路线图

如果企业的产品或服务具有平台的经济特征或能够转化为平台模式，就具备了平台化发展的基础。组织平台化也能帮助企业随需应变，价值链弹性延伸。其发展路线图体现在：

（1）平台设计。即进行战略顶层设计，定位企业要做成什么类型的平台。

（2）平台发展。即分析企业未来的发展趋势，规划企业平台发展的路径。

（3）平台竞争。即确定平台企业的竞争策略。

（4）平台覆盖。即确定平台覆盖范围和业务类型，如何促进产品（服务）的融合和全平台覆盖。

3．组织平台化的基石

组织平台化将企业变成两个平台：一个是共享平台，另一个是驱动平台。

共享平台，即内部阿米巴之间形成交易关系，内部“客户”“供应商”共创共享，把竞争者变成合作伙伴。公司通过股权激励机制、合伙人机制，实现人人成为经营者。

驱动平台，即让阿米巴领导人及员工自行制订经营计划，自我驱动去努力，这都是实现组织平台化的基石。

组织平台化的指导思想

平台型企业就是快速配置资源的一个生态圈。企业可以在制造、产品、战略等方面，搭建起多方利益共创共赢的生态圈，搭建起开放的组织平台

组织平台化发展路线图

1	平台设计	进行战略顶层设计，定位企业要做成什么类型的平台
2	平台发展	分析企业未来的发展趋势，规划企业平台发展的路径
3	平台竞争	确定平台企业的竞争策略
4	平台覆盖	确定平台覆盖范围和业务类型

图26　组织平台化发展路线图

NO. 26

为什么要把企业做成平台

未来的竞争将是平台化企业之间的竞争，只有在平台的基础上才能真正实现业务的弹性延伸，并突显出产业链的价值。我们把企业做成平台，企业才能不断发展壮大。在此基础上，我们导入阿米巴经营，企业才具有强劲的竞争力。

企业为什么要做成平台，我们总结出如下观点：

1. 企业平台化是未来经济社会最主要的趋势之一

企业平台化是未来经济社会最主要的趋势之一。企业顺应平台化发展趋势，通过实施平台化发展战略，打造平台商业生态系统，实现平台化转型。海尔集团的CEO张瑞敏说："企业平台化是大势所趋，必须这么做。"海尔集团通过由阿米巴经营模式变革而来的人单合一，如今已走在企业平台化、员工创客化、用户个性化的路上。

2. 企业平台化，能够形成一体化的产业链

企业平台化能够奠定企业在市场上的市场地位。通过搭建企业平台，将集团企业中不同的业务环节串联、整合起来，从而形成规模效应，降低成本。可以实现生态链间的业务整合和管控，更重要的是实现供应商、经销商以及电子商务平台的整合，从而形成一体化的产业链，由此，快速响应市场的机制真正形成。

3. 企业平台化能够让企业快速发展，形成规模经济

平台思维助力传统企业转型升级。企业平台化能够让总部平台掌握核心资源，并通过强化核心资源不断地吸引新的人才和新的业务加入，帮助企业组建成一艘商业航母。集团通过导入阿米巴经营模式，使每个阿米巴组织共享平台资源，既能发挥大公司的资源优势，又能体现小公司的灵活性，极大地提高集团的对外竞争力。

企业平台化，将推动公司从传统的经营产品升级为经营资本、经营品牌、经营人才，完成企业的全面升级与华丽蜕变，有力推动中国大企业从中国走向世界的战略升级。

4. 企业平台化可以汇聚更多优秀的人才

企业平台化和导入阿米巴经营，将吸引更多优秀的人才汇聚其旗下。企业通过股权激励和内部创业等方式，促使一大批优秀的人才保持与公司的长期合作与发展。

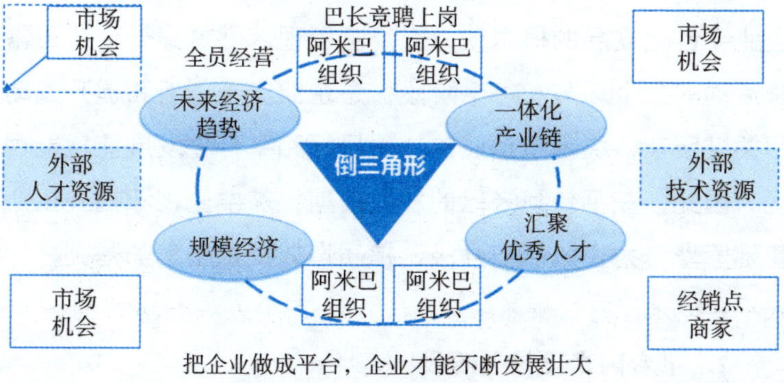

图27　把企业做成平台组织

NO. 27

企业平台化有哪几个必经阶段

传统企业的组织模式，强调的是科层管控。而平台阿米巴的企业结构，强调扁平、灵活和协同。即企业平台是权责兼具、提升效率、激活组织、文化共识的商业生态系统。

企业平台化是最高层次的组织形式和商业模式。对于很多企业来说，企业平台化将面临很大的挑战。因此，企业平台化需要全面夯实的经营管理基础，然后通过股权激励机制、合伙人机制设计形成平台化运作。

企业实现平台化发展，通常需要经过如下三个阶段：

1. 夯实经营管理基础阶段

企业管理基础就是阿米巴经营模式落地的基石和根基，是企业平台化发展的根本动力。经营管理基础贯穿于企业日常经营活动的各个环节和每个阶段，是企业实现创新和提升的动力和关键所在，决定了企业的战略目标和平台化发展前景能否实现。因此，在平台阿米巴的发展前期，需要重视和提升企业的基础管理，为企业转型升级、提质增效提供坚实的基础，为导入平台阿米巴打好根基。

2. 平台阿米巴导入阶段

在这一阶段，企业需要以更加主动、灵活的经营模式为平台化发展创造新的契机。企业导入平台阿米巴经营模式，需要实施平台化发展战略，该战略的内涵包括：企业平台的主要结构、企业平台的战略规划、企业平台的组织调整、企业平台的人才布局等。

3．企业孵化平台实现阶段

这一阶段，从公司到阿米巴单元、到供应链、到平台、到商业生态，整个商业模式都发生着系统性的变化。企业将在市场化原则的前提下，建立起“孵化平台+内部创业+产业链投资”的运行模式。

企业平台完全去中心化、去中介化，变成一个自由化、内部充分竞争的体系。大平台的生态对未来业务的延伸具有无边界的开放，而平台上的每一个阿米巴单元又经营得 “小而美”。在这个平台上，各个阿米巴组织之间要相互协作，融入大时代大环境，这是企业平台充满生命力的原因之一。

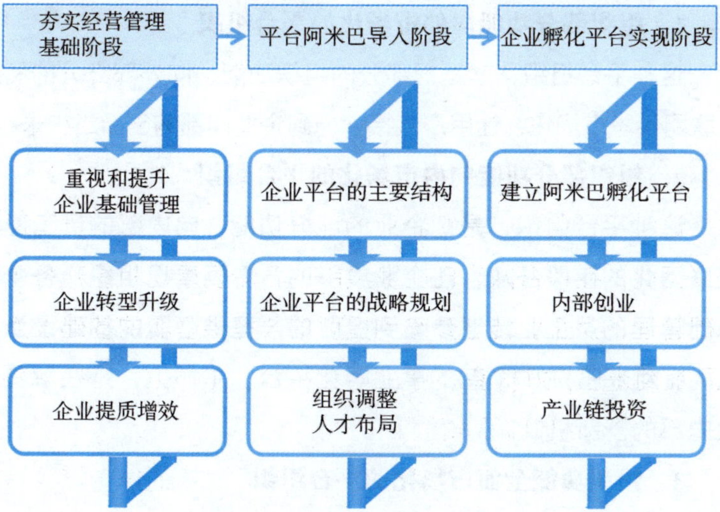

图28　企业平台化必经阶段

NO. 28

阿米巴平台组织都有哪些建构模式

企业要不断强化自身作为平台的竞争力。企业需要向客户提供的产品种类将会在数量上更多、在变化上更快，这就要求企业打破现有的组织边界，通过更为开放与协作的组织方式，创造出更多的利润中心。因此，柔性、无边界、项目制的平台型组织模式，将会取代现有的固化和适应大规模生产的组织管理模式。

导入平台阿米巴之后，企业组织架构改革需要向平台型架构演变。设计企业平台组织架构，主要有如下方法：

1. 组织部分功能向外市场化的平台组织

这种平台组织，就是把部分的组织功能，向外部充分的利用互联网手段市场化，让用户直接参与到企业内部的创新当中来。

2. 组织部分功能向内市场化的平台组织

这种平台组织，是把企业的部分功能，向内部的员工通过互联网化的手段开放，让企业旗下的各个阿米巴组织，各个阿米巴单元的员工，能够参与到企业的一些核心职能的建设当中来，把组织变成一个新的事业孵化平台，本质上，是在解决企业内部的创新机制。

3. 组织功能全面市场化的平台组织

企业内部形成了阿米巴经营模式，把中层从企业的组织结构当中去掉，由企业内部形成了一个相互交易的平台。

这种组织结构，每一个员工无论何种角色，都实施自我管理。驱动员工自发性的做出对自己对同伴对顾客，对供应商及公司最有价值的事情。每一个人在这个组织当中，都是经营者，有充分的自由来决定自己做什么，并且充分透明与清楚地把各项信息计算，然后规划成自己的行动方案。

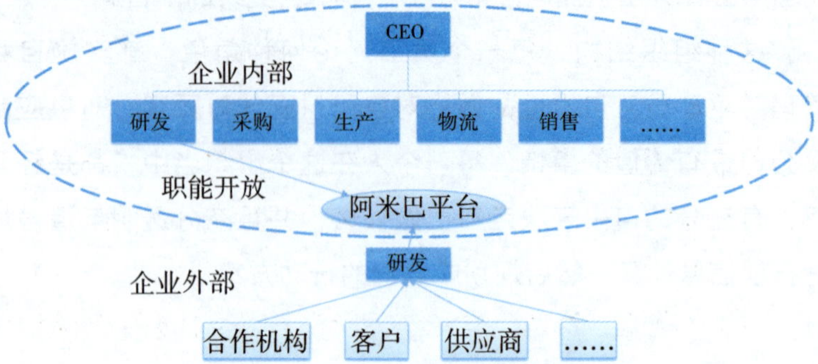

图29　组织部分功能向外市场化的平台组织

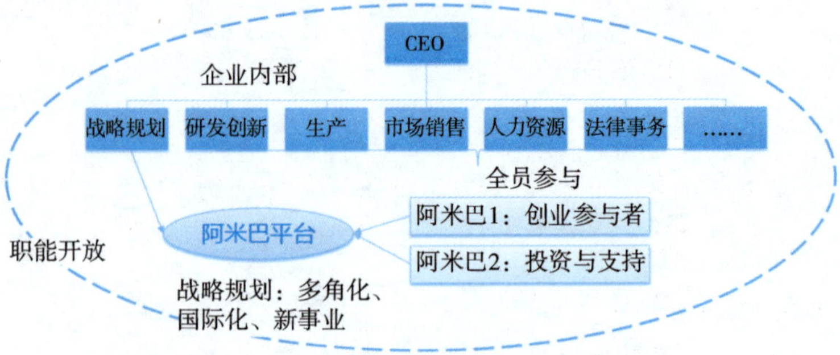

图30　组织部分功能向内市场化的平台组织

图31　组织功能全面市场化的平台组织

NO. 29

如何进行企业平台转型的战略规划

对于大型企业而言，全球化不断深入以及社会生产精细化分工，正在倒逼企业向集团化、多元化、纵深化的产业格局发展，并实现整个产业链的协同管理。

对于拥有大量客户和数据信息的企业来说，转型成为平台可能是最优的选择之一。而导入平台阿米巴，就要进行企业平台转型的战略规划。

企业平台转型的战略规划，主要有如下关键要点：

（1）理顺企业平台的各类阿米巴组织及其之间的关系，这是平台化发展战略规划的第一步。

（2）设计平台化发展战略、明确发展的基本方向、战略重点和可行策略，并将平台化发展战略转化为具体的行动步骤。

（3）设计企业平台架构。确定企业平台的组成元素，以及确保阿米巴之间有序开展活动的规则。

（4）设计相应的产品或服务交易流程。阿米巴交易流程的顺畅衔接能够提高平台系统的运作效率。战略规划中提出了阿米巴交易流程设计的基本方法。

（5）提出平台商业模式。从价值主张、平台利益相关主体、阿米巴类型定位、关键交易活动、价值传递机制、关键平台模块等方面描述平台企业的商业模式，为改进和优化商业模式提供总体思路和方向。

（6）结合现有业务明确平台发展方向和战略重点。根据企业平台的发展目标，辨识出最有利于平台商业生态系统持续发展的方向和重点。

（7）企业平台运营和管控策略。企业平台管控策略包括产品和服务策略、制度和规范策略、营销策略、合作竞争策略等，积极引导和协调平台生态系统各阿米巴组织形成发展合力。

（8）企业平台生态系统需要持续优化。对平台阿米巴的经营结果进行监测、反馈和提升，实现对平台商业生态系统的治理、持续优化与转型升级。

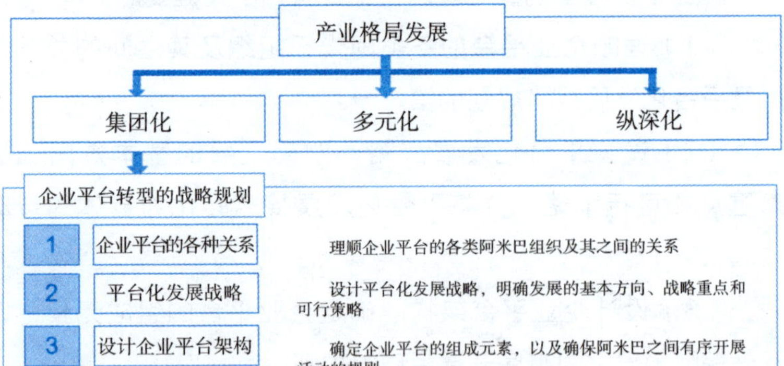

图32　企业平台转型的战略规划

NO.30

企业平台战略的实施步骤是什么

导入平台阿米巴，即按照打造平台商业生态系统的方式来运作和管理企业。为了打造成功的平台阿米巴生态系统，需要实施企业平台化发展战略。其实施步骤主要有：

1. 确定组织平台化发展目标

结合企业发展状况及市场环境，定位企业的平台类型，确定发展战略、战术。从产品类别及区域分布情况等角度分析平台特征，并分析企业与阿米巴之间的关系，捕获转型后客户需求，并以此为基础制定平台化发展目标。

2. 重构新的平台商业模式

从客户细分、价值主张、客户关系、收入来源、核心资源、关键业务、重要合作、成本结构等基本要素分析企业现有商业模式。结合企业平台化发展目标，重构新的平台商业模式，明确平台商业模式中每一基本要素的改造方向。

3. 确定平台架构与实现业务流程再造

根据以上两个阶段的工作，确定企业平台的主要业务模块，并对每一业务模块进行分析、评估，锁定平台核心业务，从而确定平台架构与业务流程，实现传统企业平台的流程再造。

4. 持续创新，引领平台阿米巴发展

结合“把企业做成平台、把平台做成阿米巴、把阿米巴做成合伙制”的三大原则，形成平台阿米巴生态系统架构，分析推动平台阿米巴发展的动力机制，提出促进平台阿米巴发展的管控思路、运营策略以及优化手段，从而实现平台阿米巴的持续创新和商业生态系统的动态优化。

为什么要实施平台化发展战略

导入平台阿米巴，即按照打造平台商业生态系统的方式来运作和管理企业。为了打造成功的平台阿米巴生态系统，需要实施企业平台化发展战略

企业平台战略实施步骤

1	确定发展目标	结合企业的发展状况及市场环境，定位企业的平台类型
2	重构平台商业模式	结合企业平台化发展目标，重构新的平台商业模式
3	平台架构与流程	确定平台架构与业务流程，实现传统企业平台的流程再造
4	平台生态系统架构	形成平台阿米巴生态系统架构

图33　企业平台战略的实施步骤

第六章 阿米巴与合伙人机制

CHAPTER 6

以心为本，开展经营

作为经营者面临重重压力的稻盛和夫，一直在思考“经营应该依靠什么”这个问题，得出的结论是“人心”最为重要。人心易善变，且不确定，然而一旦建立起相互信任的关系，人心也会变得无比牢固，且值得信赖。京瓷的出发点就是“心与心之间的纽带”。

NO. 31

什么是阿米巴合伙人机制

阿米巴合伙人机制，即企业提供成长的平台，凭借资源和股份邀请合伙人加盟，形成合作共赢、利益共享的组织关系。通过这一机制，最大化地激发阿米巴经营者及核心技术管理骨干的潜力，并使公司治理结构趋于稳定。

阿米巴合伙人机制，其内涵包括发展机制、管理机制和分享机制。

1. 发展机制：改变管理方式、提高经营效率

改变企业的融资和管理方式，运用互联网思维解决企业发展瓶颈，逐渐抛开重资产运营和持管脱离的旧包袱，提高经营效率。

2. 管理机制：提升员工主观能动性和协作效率

扭转传统的管理思路，改变参与者的角色，提升员工主观能动性和协作效率。对稳定团队和提升士气起着非常重要的作用，激励合伙人创造业务。

3. 分享机制：企业与员工形成利益共同体

改变利益分享方式，增加员工收入，提升员工满意度和幸福指数。企业与员工是利益共同体，共创价值、共享利益。员工只要超越了应为公司创造的价值，就可以分享超值的利益。

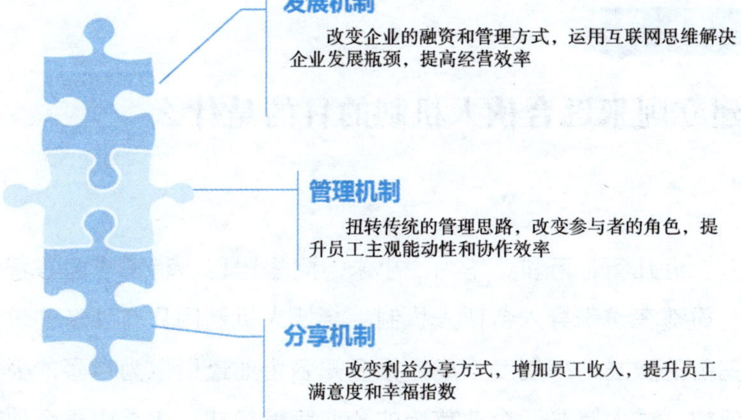

图34　阿米巴合伙人机制的内涵

NO. 32

建立阿米巴合伙人机制的目的是什么

近几年，万科、华为、小米、阿里巴巴、韩都衣舍等著名公司都在纷纷导入合伙人机制。合伙人机制因具有独特的较为完善的激励约束制度，成为很多知名企业最引以为自豪的公司架构，成为互联网企业首选的企业管理模式。正是由于合伙人机制的实施，再加上合伙人机制的激励制度，构成了企业长盛不衰的绝对秘诀。

在阿米巴合伙人机制的设计当中，我们也要明确一个重要的前提，即建立阿米巴合伙机制的目的。那么，我们建立阿米巴合伙人机制的目的是什么呢?

1. 做大事业，激励核心员工

把公司做大、做强、做久，需要我们搭建更大的舞台，通过阿米巴合伙人机制吸引并保有更多优秀的人才。需要企业有最适合的平台式架构，经营哲学能够容纳众多优秀人才来施展他们的才华。

阿米巴合伙人机制是出于激励的目的，在这种激励模式下，企业对阿米巴合伙人除了给予一些经济利益外，可能还会进行文化层面的捆绑，包括人才的任用标准等等，并赋予他们一定的经营权力。

2. 鼓励内部创业，培养复合型人才

企业实施阿米巴合伙人机制的目的之一就是鼓励内部创业。企业期望通过发挥创客的创新能力，培养复合型人才，培育新的经济增长点，推动传统企业转型升级。

3. 实现管理突破，形成高效的经营模式

很多企业都面临这些困境：市场压力加大、利润率下滑、成本升高、经营管理难度急剧升高等。在互联网大潮的推动下，催生人力资源思想变革、催生管理变革，因而导入阿米巴经营模式，推行阿米巴合伙人机制，可以实现企业的管理突破，通过共同经营、共同创业、共担风险、共负盈亏、凝聚志同道合的长期合作伙伴，形成高效的经营模式。

4. 完善公司治理机制，规范阿米巴合伙人的责权利

在阿米巴合伙人机制下，合伙人和股东的利益是一致的，该制度将真正提升和完善公司的运营效率，规范和完善公司内部的治理机制，规范阿米巴合伙人之间的权利、义务，协调合伙人的责任、利益和风险平衡关系。

5. 提升公司的总体竞争力，实现永续经营

阿米巴合伙人机制可以使公司留住核心人才，确保公司的顺利运作，形成互补能力结构，提升公司的总体竞争力，实现公司永续经营。

1 做大事业，激励和新员工

把公司做大做强做久，搭建更大的平台式架构，吸引并保有更多优秀的人才，企业对阿米巴合伙人，除了给予一些经济利益，还会进行文化层面的捆绑

2 鼓励内部创业

鼓励内部创业。通过发挥创客的创新能力，培育新的经济增长点，推动传统企业转型升级

3 实现管理突破

推行阿米巴合伙人机制，实现企业的管理突破，通过共同经营、共同创业，共担风险，共负盈亏，凝聚志同道合的长期合作伙伴

4 完善公司治理机制

提升和完善公司的运营效率，规范和完善公司内部的治理机制，规范阿米巴合伙人之间的权利、义务，协调合伙人的责任、利益和风险平衡关系

5 提升公司的总体竞争力

使公司留住核心人才，确保公司的顺利运作，形成互补能力结构，提升公司的总体竞争力，实现公司永续经营

图35　建立阿米巴合伙人机制的目的

NO. 33

实施合伙人机制之后企业会发生哪些变化

企业实施阿米巴合伙人机制，既保证了公司控制权的稳定，又使员工以公司合伙人的身份与公司风险和利益共担，形成资本所有者和劳动者利益共同体。企业实施阿米巴合伙人机制之后，企业会发生如下变化：

1．在传统生产关系中，管理层与员工是自上而下的指令关系

在企业传统的生产关系和利益分配模式中，股东、管理层、员工之间的关系是自上而下的指令关系和分配关系。

企业的管理决策从上向下传达，员工只会被动接受，导致执行力度层层递减，最终导致经营效率的降低。

企业经营成果的分配完全由上级决定，并通过固定薪酬、绩效考核等一系列手段进行绩效评价和发放，在这样的形态下，员工只会被动工作，缺乏足够的激情。

在传统管理方式下，无论员工创造出多好的业绩，晋升到多高的职位，永远都只能是一个职业经理人。

2．导入阿米巴合伙人机制，具有更高的激励性

在阿米巴合伙人机制中，员工不再是单纯的打工者，而是成为独立核算，甚至拥有阿米巴股份的经营者，新的生产关系极大提升了人才的内生动力，从根本上改变了人力资源利用的效率。

由于角色的转变，阿米巴员工自主经营，自觉努力工作，使管理成本大幅下降。员工成为阿米巴合伙人，更愿意付出，因为这样的付出和自己的收益直接相关，具有更高的激励性。

在阿米巴合伙人的架构下，只要员工能够提供足够的价值，给企业带来足够多的利益，就可以成为阿米巴合伙人，变成企业的股东、所有者，从而参与企业的利润分享。

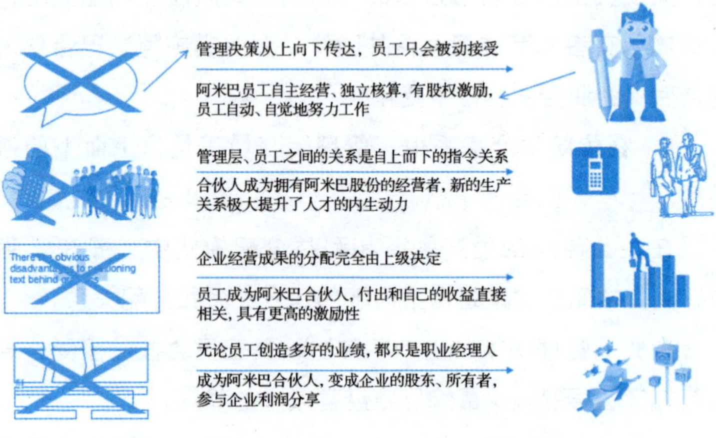

图36　实施合伙人机制之后企业会发生的变化

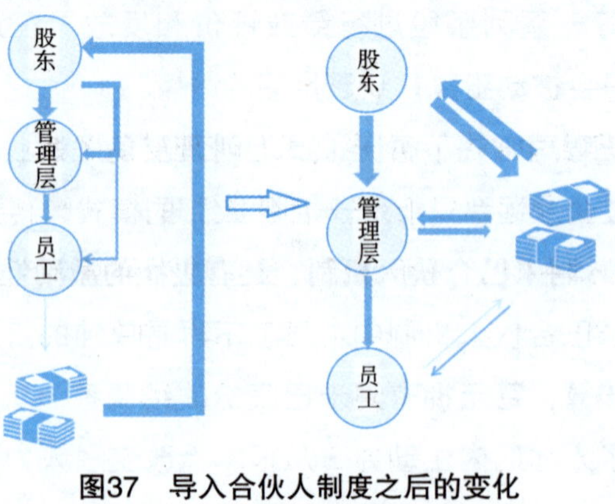

图37　导入合伙人制度之后的变化

NO. 34

如何设计阿米巴合伙人机制

如何让员工与企业一条心？如何让员工不断进取为公司创造业绩？这些问题是企业老板都关心的问题。解决这些问题，就要阿米巴合伙人机制发挥激励作用。设计阿米巴合伙人机制，需要注意如下要点：

1. 形成长期捆绑机制，重构员工和资本的关系

设计阿米巴合伙人机制，首要解决股东利益分享机制这一难题。想要实现合伙人利益长期捆绑，企业可以在阿米巴平台的模式上，实行“员工持股+项目跟投”的方式，就此重构人才与资本的关系。

2. 形成组织平台化，重构员工与组织的关系

通过导入阿米巴经营模式，使组织平台化，划分若干个阿米巴组织，激发一线员工的活力，同时导入合伙人机制，就此重构员工与组织的关系。

3. 管理去中心化，重构员工与管理层的关系

实行“企业平台+阿米巴+合伙人”的模式，传统的集权式管理就会被扁平化管理所取代，员工成为经营者和合伙人，大家平等协作共赢，就此重构员工与管理层的关系。

4. 确保公平公正，重构合伙人之间的关系

企业需要制定阿米巴合伙人选拔及退出机制，确定合伙人的选拔标准、合伙人待遇及选拔流程，合伙人无法为阿米巴组织贡献的时候，就需要有完善的退出机制。为确保公平、公正，需要遵守“谁创造谁分享”的原则，就此重构合伙人之间的关系。

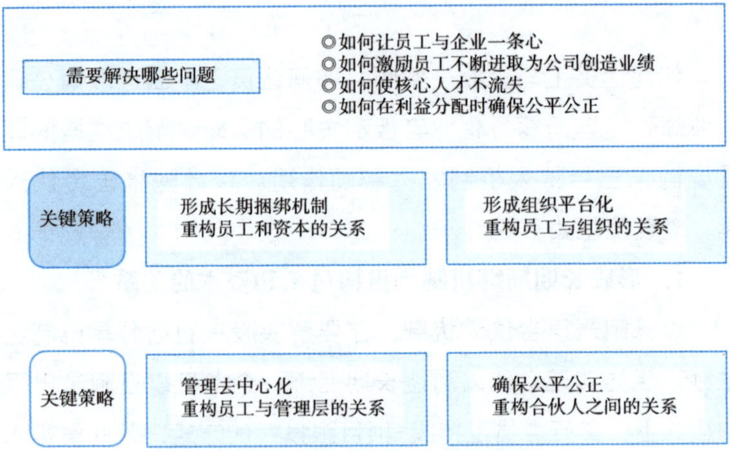

图38　设计阿米巴合伙人机制的要项

NO. 35

如何有效实施阿米巴合伙人机制

好的合伙人机制能实现团队与公司、个人职业与公司事业的高度统一，重新焕发出创业活力。但企业导入阿米巴经营，真正做好阿米巴合伙人机制其实不容易，阿里巴巴、万科等知名企业也都走过很多弯路。根据笔者的管理咨询实践经验，我们认为实施阿米巴合伙人机制，应做好如下工作：

1. 制定合理的跟投规则

项目跟投是一种激励机制，这就需要强化跟投人员的共创、共享、共担意识，鼓励跟投人员为公司和股东创造更大的价值。

阿米巴的跟投规则，实质就是谁能投、投多少，不同的企业跟投规则都会不太一样，但是实施好跟投规则，能够对合伙人起到很好的激励作用，激励阿米巴合伙人分享收益、分担风险，激励大家共同把企业做好。

2. 确立合伙人文化

合伙人文化才是合伙人机制的内核。合伙人文化就是信任、宽容和分享，体现在核心管理层的价值观、行为规则和经营理念上。

合伙人的价值取向是合伙人在多年的共同工作当中形成的，合伙人之间彼此影响，最后形成一个共同理念。这种理念会逐渐影响到其他员工，让所有员工都认同和信仰这一理念，从而形成阿米巴独特的价值观。例如，万科也实行事业合伙人机制，万科的合伙人文化就是：信任文化+协同文化+去金字塔文化。

3．经营变革要落到实处，及时化解阻力

阿米巴合伙人机制也是一种经营变革，变革必然涉及企业的各个层面，引起企业内部个人和部门利益的重新分配。因此，必然会遭到一部分人的阻力。

企业需要加强与员工的沟通，让员工明白推行阿米巴合伙人机制的意义，让员工认识企业面临的危机，让他们了解合伙人机制对组织、对自己的好处。在合伙人机制的实施过程中，要让员工理解实施方案，让员工参与到变革中来。

4．阿米巴合伙人机制的升级

沿着阿米巴合伙人的思想，企业需要设想：未来能否将合伙人跟投扩大化，将产业链上下游也变成合作伙伴。这相当于除了阿米巴的员工，将产业链的利益相关者也发展为合伙人。即实现“企业平台+阿米巴+合伙人”的运作模式，构建起一个商业生态体系。

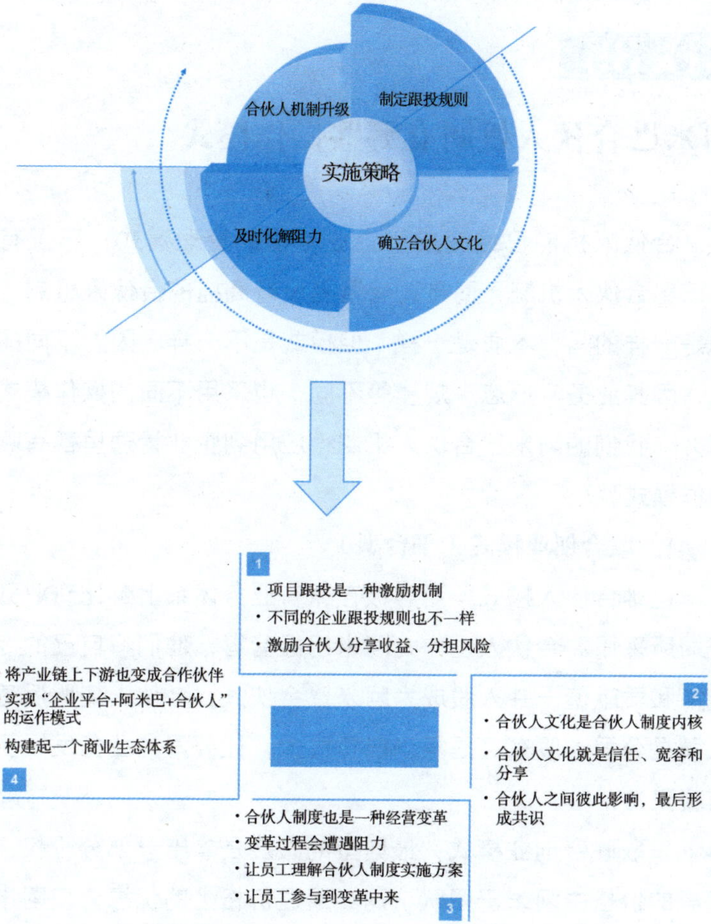

图39　实施阿米巴合伙人机制的要项

NO. 36

阿米巴合伙人机制有哪些操作模式

合伙人机制已经变成了企业首选的管理模式，不仅有阿里巴巴合伙人机制，而且还有著名投行高盛的合伙人机制，它们是一样的吗？本质是一样，但模式是不一样。因为不同的企业，因其业务、形态、规模等不同，也采用不同的操作模式。那么，我们的阿米巴合伙人机制，应用到企业管理里都有哪些操作模式呢？

1. 联合创业模式（平台型）

这种合伙人模式，通常被在原有业务体系上孵化新业务的公司所采用。合伙人也作为阿米巴经营者，他们将自己的专业技能和贡献值一并入股成为阿米巴合伙人，合伙人加盟后每个人既是公司的股东又是阿米巴负责人，让公司的业务发展更具有凝聚力。

采取联合创业模式，最典型的做法是拿出一部分股权，以优惠的价格由阿米巴团队认购。通过价格上的优惠，使阿米巴团队成员获得更多的股份。

2. 内部创业+独立合伙人

合伙人内部创业是指在公司范围内，鼓励合伙人在阿米巴单元或者业务体系中进行创业的模式。合伙人在持有阿米巴股份的基础上负责阿米巴业务经营。如果对自己实力有信心的话，可以选择独立合伙人，即以个人的身份与公司长期紧密合作，自负盈亏，按比例分成，平等协商。

3. 股权激励+阿米巴合伙人

公司在股权激励之外又加入了合伙人的定义。采用股权激励的形式，它可以是期权，也可以是限制性股票，甚至可以是员工持股计划。

在这种合伙人架构中，不仅有物质上的激励，更多的是精神层面的鼓励，其精神层面的意义更大于物质层面。

4. 阿米巴合伙人的类型

阿米巴合伙人的类型，主要包括下面几种：

（1）生产阿米巴合伙人：生产部门实行阿米巴变革独立核算，核心员工和管理团队持虚拟股份成为合伙人，公司作为平台，提供品牌和资金支持，统一战略方向，合伙人与公司共担风险，共享利益。

（2）研发阿米巴合伙人：研发部门实行阿米巴独立核算，合伙人持有虚拟股份，解决员工创新动力的问题。

（3）销售阿米巴合伙人：让核心销售人才成为合伙人，让销售人才在公司平台创业，成为经营者，这将引爆员工动力，公司业绩倍增。

（4）电商阿米巴合伙人：企业转型成电子商务，成立电商阿米巴，员工内部创业，激活员工动力。

（5）人力资源+财务阿米巴合伙人：人力资源部、财务部门组成管理阿米巴合伙人，采取外包独立核算，大大降低人工成本，提高人均产值。

（6）采购部阿米巴合伙人：采购部门成立阿米巴，其负责人成为合伙人，采用采购合伙人，可大幅降低采购成本。

（7）项目阿米巴合伙人：这种模式属于临时投资型合伙。核心团队跟投项目，员工出资比例控制在5%，不同级别的员工投资都有限额。

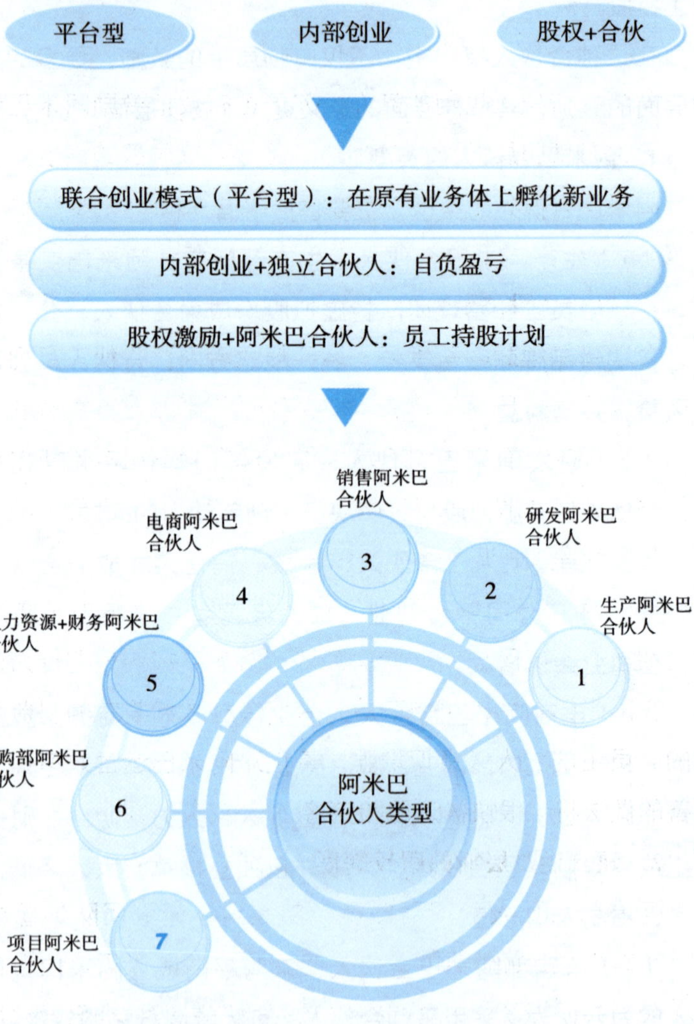

图40 阿米巴合伙人机制的操作模式

NO.37

为什么要推行持股计划与项目跟投

阿米巴合伙人机制的魅力，在于更有效地激励阿米巴经营层，无论是集团层面的持股计划，还是项目层面的跟投制度。从员工转变为合伙人，这种身份上的转变所带来的变化是显而易见的。

1. 推行持股计划

企业将持续鼓励新增骨干员工加入阿米巴合伙人行列，这就需要推行阿米巴员工持股计划，其目的不在于筹集资金，而旨在扩大资本所有权，使阿米巴员工广泛享有资本，使他们可以同时获得劳动收入和资本收入，从而增强阿米巴员工的参与意识和经营意识，调动员工的积极性。

建立阿米巴合伙人机制的出发点之一，就是为了防止出现短期行为。集团层面的持股计划，将起到抑制短期行为的作用。在阿米巴合伙人机制下，阿米巴合伙人和股东的利益是一致的。员工的主人翁意识增强，真正对阿米巴运营效率提升有改善的做法将会很快被运用和完善。

2. 建立项目层面的跟投制度

阿米巴合伙人和项目跟投机制起到了凝聚团队的重要作用。所有新项目配套跟投计划，项目操作团队必须拿出自己的钱和公司共同投资。原则上要求项目所在一线阿米巴管理层和该项目管理人员，必须跟随公司一起投资。员工也可以投资，但必须限定员工投资金额。

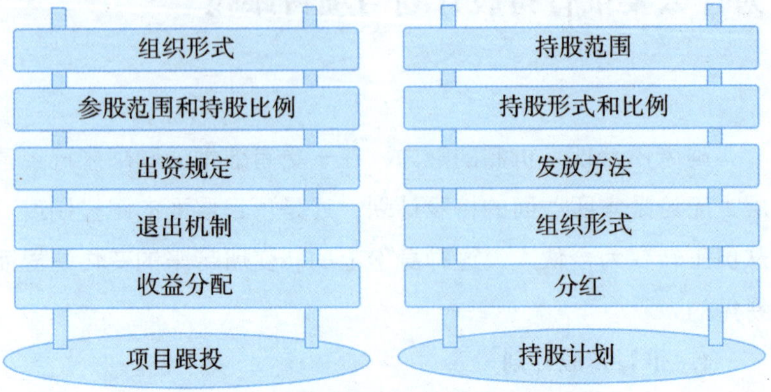

图41 项目跟投与持股计划的主要内容

NO. 38

哪些人能够成为阿米巴合伙人

导入“平台+阿米巴+合伙人”经营模式之后，企业老板需要寻找阿米巴合伙人进行共同奋斗。有创业能力、有创业心态，经过磨合，可以作为阿米巴合伙人。人与人之间长期共事，既要有软的交情，又要有硬的利益。合伙内部创业，既是合伙的一种长期利益，也是合伙的一种“共创、共担、共享”的合伙创业精神。

然而，即便是再合拍的合伙人也有可能因为种种原因发生矛盾与纠纷，所以必须明确阿米巴团队需要什么样的合伙人，并制定相关的合伙人机制，以备不时之需。

例如，阿里巴巴合伙人的基本要求：在阿里巴巴工作5年以上，认同阿里巴巴的企业文化，有优秀的领导能力，并对公司发展有着积极作用的管理者。

阿米巴合伙人的重要性不言而喻。那么，究竟应该选择什么样的人来作为合伙人呢？

1. 阿米巴合伙人的资格条件

（1）在公司工作半年以上，符合岗位任职资格条件。

（2）业务能力强，考核优秀，这样才能在阿米巴创立的过程中发挥出巨大的能量。

（3）具有较强的创业欲望和经营意识，这样才能够放弃平稳的生活投入到未知的奋斗中去。

（4）充满激情，这样才能在相当长的时间内投入到阿米巴的创业中去。

（5）有成为合伙人的意愿，并按协议商定的出资比例进行投资。

（6）认同公司的经营哲学，有共同的价值取向，具备长远眼光，富有牺牲精神和承受力等企业家精神。

2. 阿米巴合伙人的范围

应在尊重员工意愿的基础上，设定限制条件，以核心员工和管理骨干为主。

3. 阿米巴合伙人的吸纳程序

（1）符合条件的员工向阿米巴合伙人委员会提出合伙申请，填写员工合伙申请及认购表。

（2）合伙资格由阿米巴合伙人委员会进行初审，并由相关的部门核算当期内部股价、额度及认购系数。

（3）合伙资格及持股方式审核，并经阿米巴合伙人委员会复审后予以确认。

（4）合伙人签订阿米巴合伙协议，到财务部确认持股额并缴款。

（5）公司发放员工持股股权证书。

（6）成为阿米巴合伙人，行使合伙人权利，享受分红。

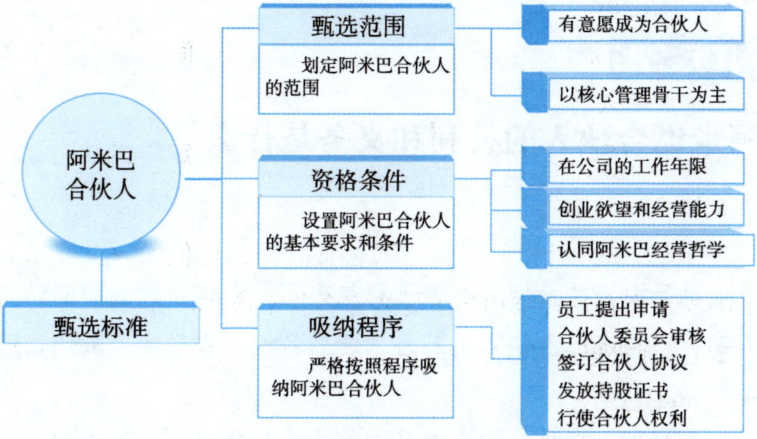

图42　阿米巴合伙人的基本要求

NO. 39

阿米巴合伙人的权利和义务是什么

马云说：“合伙人不等于利益集团，而是一家公司的动力机制。”阿米巴合伙人机制必须建立合伙人委员会，取代管理委员会。

合伙人之间是长期、强关系、深度的绑定，当确定阿米巴合伙人之后，需要签订协议明确合伙人的权利与义务。那么，阿米巴合伙人拥有哪些权利，应该履行哪些义务呢？

1. 经营权利与义务

（1）行使合伙人权利。

阿米巴合伙人不仅是公司的股东，而且是共同创业的伙伴，参与公司的经营管理活动，行使合伙人权利：公司有关重大投资、业务战略的调整等重大决定的股权表决；公司发展规划及年度经营计划、分红与配股计划等的股权表决；公司组织变革及核心制度表决；就公司及阿米巴的经营管理提出合理化建议；查阅公司及阿米巴的经营业绩财务报表及有关会议决议；阿米巴合伙人会议拟定的其他权利；可代表公司拓展业务，组织谈判等。

（2）阿米巴合伙人在公司的日常运营中承担以下义务。

遵守公司章程；履行阿米巴合伙人分管职能，完成合伙人会议决议分管的工作任务或业绩指标；按时出席合伙人会议，就公司经营发展出谋划策；接受制度约束，根据个人绩效和公司需要的职务调整；保守公司商业机密。

2. 股份权利与义务

（1）阿米巴合伙人持有公司股份，享有股份权利。

参与制定和修改公司章程；对吸纳新合伙人行使表决权（一人一票）；监督公司内部及各阿米巴组织的经营活动；股权比例分配红利，优先享有合伙人分红或股利等优惠政策；依法分配公司破产、解散和清算后的剩余资产等。

（2）阿米巴合伙人根据持有股权承担的义务。

按合伙协议完成股权认购、转让；退出经营时出让持有股权；公司增发，存量不足或亏损时同比注资；为自己的出资承担风险。

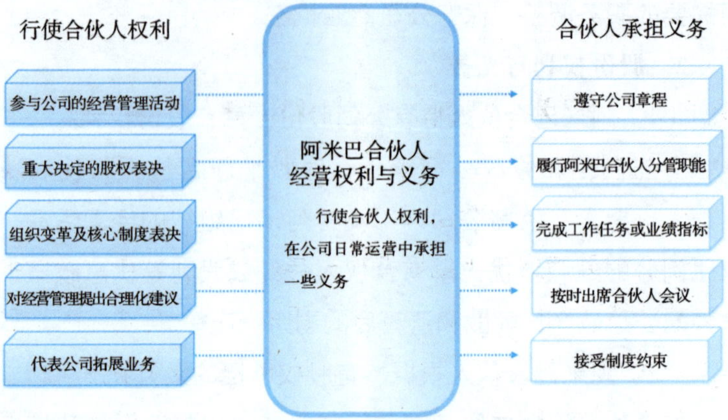

图43　阿米巴合伙人的股份权利与义务

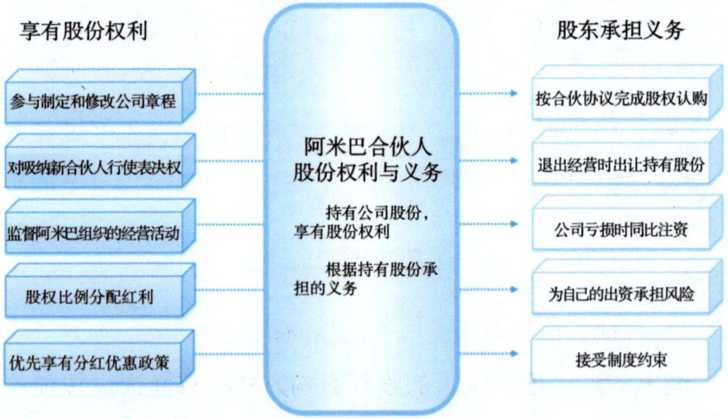

图44　阿米巴合伙人的经营权利与义务

NO.40

如何设计阿米巴合伙人退出机制

企业需要考虑未来的商业模式与核心业务节点，然后考虑支撑商业模式的阿米巴合伙人团队组成。商业模式与阿米巴合伙人团队组成确定之后，就可以设计阿米巴股权架构。到了这一步，不仅要有阿米巴合伙人进入机制，还需要设计阿米巴合伙人退出机制。

1. 退出机制的公平性、合情性与合理性

在公司的平台上内部创业并不是坦途，需要阿米巴团队经过长期的努力才有可能获得回报，所以全职投入是必需的。对于那些在还未看到阿米巴未来之前就退出的合伙人来说，退出之后就不能再以阿米巴合伙人的身份自居，同时也就不能再享有阿米巴发展的预期价值。这体现出阿米巴合伙人退出机制的公平性、合情性与合理性。

2. 合伙人中途退出，股权溢价回购

退出的阿米巴合伙人的股权回购方式，只能通过提前约定的方式退出，退出时公司可以按照当时公司的估值对合伙人手里的股权进行回购，回购的价格可以按照当时公司估值的价格适当溢价。

3. 设定高额违约金条款

为了防止合伙人退出公司但却不同意公司回购股权，可以在股东协议中设定高额的违约金条款。

4. 阿米巴合伙人正常退出程序

当事人提前一个月书面提出离职和退伙；所有合伙人签字同意；办好必要的股权转让或退出手续。

5. 股份的回购程序

申请员工个人填写回购申请单；人力资源部向合伙人会议提供该员工的工作交接清单；合伙人会议确定回购方式和回购价格；回购其个人出资部分；根据阿米巴合伙人不同退伙原因，将采取不同的回购方式。

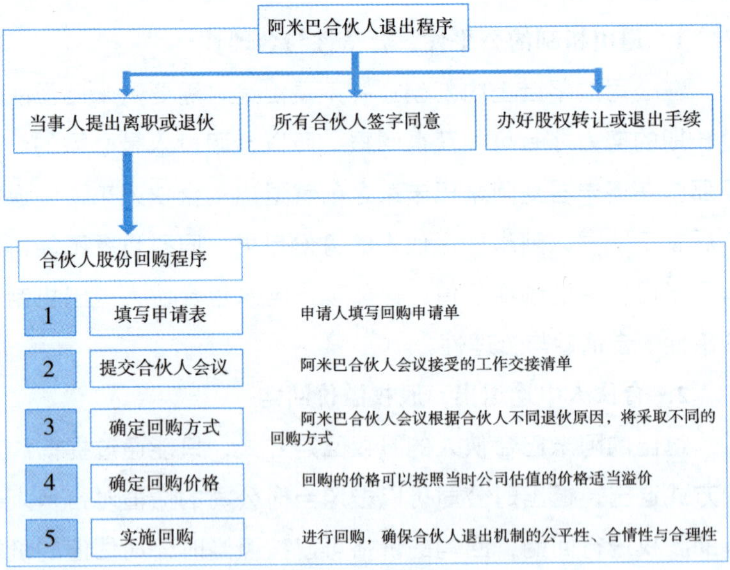

图45　阿米巴合伙人退出机制

第二部

阿米巴经营模式应用

第七章 阿米巴组织划分与构建

CHAPTER 1

稻盛和夫的“经营三要诀”

1. 让员工信赖你、钦佩你，为你的魅力所倾倒。
2. 月度销售额和费用要仔细确认。
3. 哲学共有。

NO. 41

阿米巴组织划分的总体思路是什么

在互联网时代，人类开始进入一个以知识的创新、发展和应用为主导的新经济时代。为了能在全球新经济环境下有效运行，必须突破传统“金字塔”式组织形态的束缚，对企业组织形态进行创新。而阿米巴组织划分与构建，即是一项重要的创新实践。

阿米巴组织划分，目的在于确定组织中各项任务的分配与责任的归宿，以求分工合理、职责分明，有效地达到组织的目的。组织划分的总体思路，有如下三点：

1. 以现状为依据，尊重历史，客观分析

充分认识到公司目前发展的阶段和经营管理模式，尊重公司发展过程中形成的工作方式和组织架构特点。结合公司的职能及人力资源因素，形成有利于阿米巴组织生根发芽的土壤。

2. 以战略为方向，宏观考虑，全盘规划

公司未来五年和十年的战略发展规划决定了公司的发展方向，在阿米巴组织划分时，坚持以战略为导向，以贯彻公司的目标为阿米巴组织的核心思想。

如果公司的产品种类和品项较多，客户类型和数量也较为复杂，分公司分布在不同的区域。这些因素势必会影响阿米巴组织划分，在进行阿米巴组织切割时，需从宏观的高度和不同的角度进行。

从公司的战略纵深、横向业务面及流程和职能等方面全盘规划阿米巴单元，并考虑到后续阿米巴单元的合并及撤销等组织优化。

3．以发展为目标，强调效果，逐步实施

阿米巴组织以能贯彻公司方针和战略、能独立核算和独立进行业务为标准。阿米巴组织强调独立核算、自主经营，以提高单位时间附加值，培养有经营意识的人才为目标。

阿米巴自主划分后，根据其在发展阶段的要求及阿米巴运行的标准和目标，分阶段、分步骤运行。

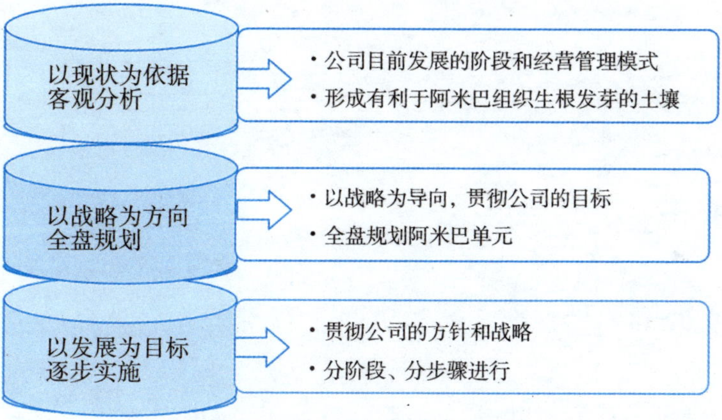

图46　阿米巴组织划分的总体思路

表1　战略规划研究框架的逻辑

研究框架	聚焦方向	意义
行业研究	宏观趋势	你未来应该成为“谁”
自身研究	自身资产状况及优劣势	你现在是“谁”
业务链战略	新市场机会和增长业务	你未来要去向何处
竞争/价值战略	核心业务的挖掘和营销体系的拓展	你要怎样到达？如何走得更快、走得更远

NO.42

阿米巴组织有哪几种核算形态

在导入阿米巴经营模式的企业中，其公司内部虽然也存在自上而下的组织结构，但其真正的最小基层组织却是阿米巴。阿米巴组织就是承担一定的经济责任，并享有一定权利的企业内部（责任）单位。每个阿米巴都像一个小企业那样活动，都有经营者、销售额、成本和利润。

单从形态上看，阿米巴的形态并非一成不变，而是具有五种形态，即利润中心、成本中心、费用中心、投资中心、收入中心。阿米巴组织划分适用于企业的任何一个部门、单位，根据五种形态可以更好地明确各阿米巴的性质、关键指标、适用范围，以及确立阿米巴组织划分的方法。一个大阿米巴可以包含若干个不同形态的小阿米巴，不要误认为一家公司或一个阿米巴只有一种统一的核算形态。

核算形态是阿米巴组织划分与构建的基础。因此，这里有必要阐明其含义、特点和关键指标等。

1. 利润中心：既对成本负责又对收入和利润负责

利润中心是指拥有产品或服务的生产经营决策权，是既对成本负责又对收入和利润负责的阿米巴组织，它有独立的收入和生产经营决策权。从战略和组织角度出发，利润中心被称为利润型阿米巴。在公司内部，利润中心自主核算、独立经营，在原材料采购、产品开发、制造、销售、人事管理、流动资金使用等经营上享有很高的独立性和自主权，能够编制独立的经营会计报表，并以其盈亏金额来评估其经营绩效。利润中心适用于营销、生产等部门。

2. 成本中心：对成本或费用负责

成本中心是只对成本或费用负责的阿米巴单元。成本中心的范围最广，只要有成本费用发生的地方，都可以建立成本中心（例如采购部、仓储部等），从而在企业形成逐级控制、层层负责的成本中心体系。

成本中心具有只考虑成本费用、只对可控成本承担责任、只对责任成本进行考核和控制的特点。

3. 费用中心：对费用发生额负责、以控制经营费用为主

费用中心是指对费用发生额负责、以控制经营费用为主的阿米巴组织。费用中心可应用于人力资源管理部门的费用预算支出，其目的乃在于支出预算内提供最佳的服务。费用中心最大的优点乃为既可控制费用又可提供最佳的服务质量，其缺失则为不易衡量绩效。

费用中心经营者对本单位涉及的有关期间费用负责，并且以管理费用、财务费用为决策准则。经营者具有决策权，其决策能够影响本单位期间费用的主要因素，包括各项管理费用、财务费用的明细项等。

4. 投资中心：既对成本、收入和利润负责，又对投资效果负责

投资中心是既对成本、收入和利润负责，又对投资效果负责的阿米巴组织。投资中心的获利能力与其所使用的创造利润的资产相联系。

投资中心是最高层次的阿米巴组织，它拥有最大的决策权，也承担最大的责任。投资中心必然是利润中心，但利润中心并不都是投资中心。

其关键指标是投资回报率，即这个阿米巴由公司股东投入了多少资产、资本，则回报多少给公司。

5．收入中心：对收入负责

收入中心是对收入负责的阿米巴组织，其特点是所承担的经济责任就是收入，此类责任中心一般是创造收入的阿米巴，即负有销售收入和销售费用责任的销售单位，以及相应的阿米巴经营者。

收入中心的经营者具有经营决策权，其以销售收入和销售费用为决策准则，需要对本单位的整体产品销售活动负责。

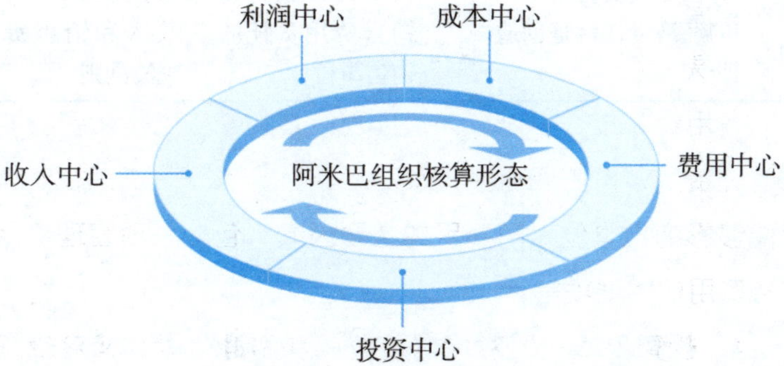

图47　阿米巴组织核算形态

表2　阿米巴组织核算形态的特点

形态名称	名称释义	关键指标	适用范围	异同比较
利润中心	既对成本负责、又对收入利润负责的阿米巴组织	利润增长	多出现于营销部门，也可用构成完整交易生产及管理部门	既对收入负责，也对成本费用负责
成本中心	对成本和费用承担控制、考核责任的中心	成本降低	只要有成本费用的地方都可以成立成本型阿米巴	降低成本不影响产品质量；对成本具有可控性
费用中心	对费用发生额负责、以控制经营费用为主	费用控制	以费用预算支出的人力资源管理部门	优点是既可控制费用又可提供最佳的服务质量，其缺失则为不易衡量绩效
投资中心	既对成本、收入和利润负责，又对投资效果负责	投资回报率	子公司、分公司	既对收入负责，也对成本费用负责，也对资产负责，是最高形态的阿米巴
收入中心	对收入负责，所承担的经济责任就是创造收入	创造收入	负有销售收入和销售费用责任的销售单位	对收入负责，以销售收入和销售费用为决策准则

NO. 43

阿米巴组织成立的前提条件是什么

成立阿米巴组织有三个前提条件。

1. 能够建立独立的核算体系，准确地掌握收入和支出情况

（1）为了采取独立核算制，必须要能够计算收支，为此必须准确地掌握独立组织的收入和支出情况。

（2）核算清楚每个单位的费用，费用一定能够掌控。

如果不具有这种独立核算的能力，这个部门就不能以阿米巴的方式来运作。

2. 必须是独立完成业务的单位，能够履行交易的完整职能

阿米巴必须是独立完成业务的单位。每个阿米巴都是一个独立的利润中心，都集生产、会计、经营于一体，对自己的收入和支出具有一个完整的功能，并且阿米巴之间的产品或服务具备交易的功能，具有履行交易的能力。这些都是成立阿米巴的前提条件之一。

反之，如果一个部门不具有履行交易的完整职能，不能独立完成业务，则很难成立阿米巴。

3. 要符合公司的战略，能够贯彻公司整体的目标和方针

（1）能够贯彻公司整体的目标和方针。阿米巴是公司的战略执行单元，阿米巴要符合和贯彻公司战略目标的要求。

（2）阿米巴是整个大组织里面的一个部分，当公司要调整新的战略决策时，阿米巴不能与公司总部唱反调。只有在公司统一发展规划、发展战略的框架下，谋求自我发展，才是实行阿米巴经营模式的目的所在。

（3）从阿米巴职能定位上，阿米巴最终会成为利润中心或者投资中心。阿米巴在公司总体战略的指导下，负责制定业务层次的竞争战略，确定具体的实施计划和方案；统筹、协调、管理和指挥本阿米巴内的生产、研发和营销活动，对利润和回报率负责；及时向总部反映市场变化信息，积极配合总体战略计划的制定。

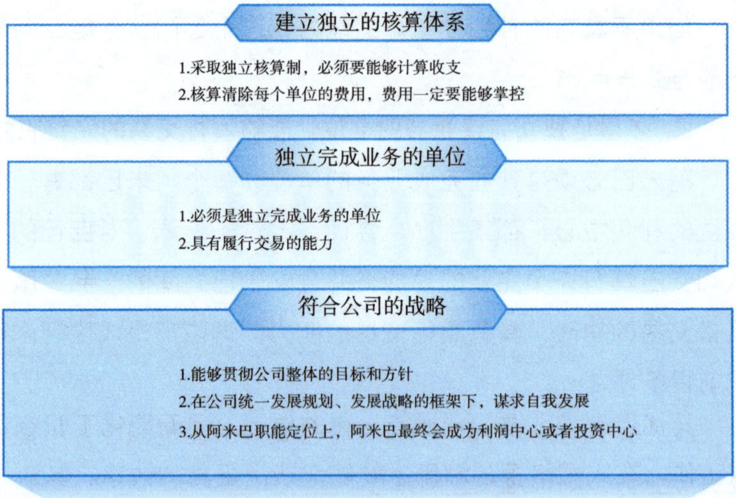

图48　阿米巴组织成立的前提条件

NO. 44

划分阿米巴的维度有哪些

阿米巴划分具有六个维度，包括职能、价值链、产品、品牌、区域和客户。在具体实施中，会根据企业本身不同的特点来进行阿米巴组织不同维度的选择。比如，什么样的情况下适合用职能型的？什么样的情况下适合用产品型的？具体采取哪种形式，应依据公司实际情况来确定。

1. 职能维度：把各种职能整合在一起，应对激烈的市场竞争

按职能维度来划分阿米巴，是指按组织的职能为基础进行阿米巴划分，即把具有相同职能的工作岗位放在同一个部门，把各种职能整合在一起，应对激烈的市场竞争。即把研发、生产、销售、人力资源、财务等职能整合在一个阿米巴里面，让阿米巴经营者能独立经营、自主核算，像小公司一样开拓客户和市场。

其优点是它遵循了职业专业化的原则，因而简化了职业训练工作。在人力资源的利用上能够显示出更高的效率。其缺点是各部门协调困难，造成信息和管理成本上升。

2. 价值链维度：依据企业价值链环节横向切分

按价值链维度，是指根据企业内部各流程环节，即企业内部各战略单元的价值链来划分阿米巴，这是一种基于业务流程优化与作业管理的阿米巴划分方法。例如，京瓷阿米巴就依据企业价值链环节横向切分。

在企业价值链中，采购部可划分为成本型阿米巴单元，研发和设计可划分成利润型阿米巴或预算型阿米巴，生产和营销部门可以划分成独立的阿米巴组织，支持公司营销的物流配送，可独立成利润型阿米巴单元，人力资源、财务、后勤、信息等职能部门能完全独立开展工作，可成立预算型或利润型阿米巴组织。

3．产品维度：按产品或产品系列来组织业务活动

这种方法划分的阿米巴是按产品或产品系列来组织业务活动。产品阿米巴主要是以企业所生产的产品为基础，将生产某一产品有关的活动，完全置于同一产品的阿米巴内，再在产品阿米巴内细分职能部门，进行生产该产品的工作。

优点：有利于产品改进；有利于阿米巴内部协调；有利于总经理评价各阿米巴的业绩；容易适应企业的扩展与业务多元化要求。

缺点：管理费用高。

适用：规模大、产品多、产品之间差异大。

4．品牌维度：组建阿米巴独立运作某一品牌

按品牌划分阿米巴，一般发生这种情况：在公司支持力度较大的情况下，比如担负人员费用，以及经销商对公司品牌忠诚度很高的情况下，会专门组建某品牌阿米巴独立运作某一品牌。

按品牌划分阿米巴有利于公司品牌的精细运作，有利于壮大品牌，但是资源共享效果较差，部门协调成本较高。

5．区域维度：将责任和权利下放到区域

按区域划分阿米巴，即把某个区域内的业务工作集中起来，委派一位经理直接管理辖区内的项目。企业高管之间是合伙人的关系，区域总经理不是诸侯，而是公司合伙人。作为合伙人，共同决策区域计划，诸如销售计划、发展计划、创新计划，等等。各个区域阿米巴做什么不做什么、重点做什么，由合伙人共同决定。

优点：责任到区域，放权到区域，每一区域的阿米巴经营者都要负责该地区的业务盈亏；有利于地区内部协调；对区域内顾客比较了解，有利于服务与沟通；针对性强，能对该地区环境变化迅速做出反应。

缺点：与总部之间协调困难（不易控制）。

6．客户维度：努力创造客户的未来需求

即根据目标客户的不同利益需求来划分组织的业务活动。在激烈的市场竞争中，客户的需求导向越来越明显，企业应当在满足客户需求的同时，努力创造客户的未来需求，按客户维度划分阿米巴顺应了这一趋势。

优点：能满足目标客户的需求；可有针对性地按需生产、按需促销；创新客户需求，建立持久性的竞争优势。

缺点：增加与客户需求不匹配而引发的矛盾和冲突；需要更多能妥善处理和协调客户关系问题的管理人员。

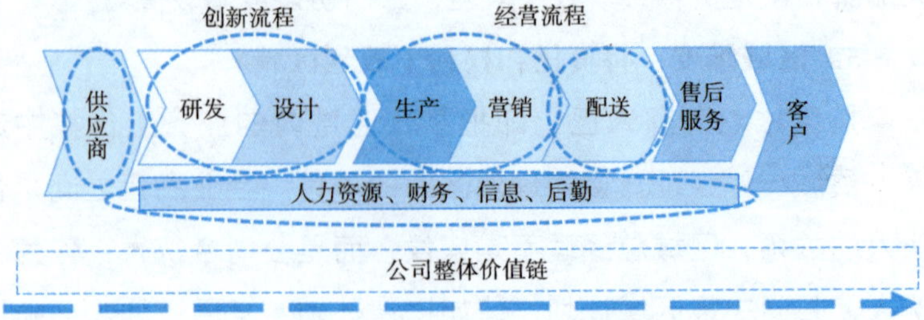

	研发	产品管理	采购和生产运营	销售和服务
谁是决策者 谁支持影响 谁执行	专利 产品技术 流程技术 应用研究	新产品开发 产品组合管理 品牌管理	采购 供应商关系 零部件生产 最终装配 物流	渠道/销售管理 品牌建设 定价 库存 质量保证/服务

职能阿米巴				
价值链阿米巴				
产品阿米巴				
品牌阿米巴				
区域阿米巴				

重点客户	中小客户	外埠客户
• 主要是大型商超XA客户 • 客户分布在市区以内 • 此类客户总计有若干个客户	•市区内，除重点客户外的各类商市和店铺 •此类客户按市内区域划分为若干个区域 •共有商户若干家	•市区以外的片区所有客户 •此类客户分布在其他市区 •共有客户若干家

阿米巴单元的划分		
•根据市区内的区域划分，可形成若干个阿米巴单元	•根据分销点的分布可划分为若干个阿米巴单元	•根据客户区域的分布，可划分为若干个阿米巴单元 •这些阿米巴单元中包含若干个客户代理点

图49 阿米巴维度划分

NO.45

如何构建阿米巴架构

阿米巴组织划分之后，将体现在阿米巴架构上。企业根据战略重新设计组织架构、优化运作流程，可以使企业高效、稳健运作，解放生产力、解放老板。

企业每一次组织结构的升级，实质都是与企业整体战略升级相应的自我变革。那么，我们如何构建阿米巴架构呢？

1. 构建原则

（1）在纵向关系上，按照“集中决策，自主经营”原则，领导层研究和制定发展战略、经营目标，最大限度地把管理权下放到各阿米巴。阿米巴自主经营，充分发挥自身的积极性和主动性。

（2）在横向关系上，各阿米巴均为利润中心。在财务集中管理的基础上，各阿米巴设立经营会计报表，实行独立核算。各阿米巴之间形成交易关系。

2. 构建步骤

（1）从战略出发，选择有助于高效运作的组织架构。公司要从战略角度出发，分析行业竞争趋势和关键因素，结合公司的资源和能力优势，明确公司要以什么组织架构打败竞争对手、赢得客户、创造高收益。

（2）明确各阿米巴在价值链环节中的不同角色。明确在价值链不同环节中（研发、产品管理、采购生产、销售服务），哪个阿米巴（职能阿米巴、产品阿米巴、区域阿米巴还是客户群事业部阿米巴）应被赋予更大的决策主导权，哪个阿米巴应扮演支持角色，哪个阿米巴只要做好执行工作就行。

（3）设计阿米巴权限划分和控制体系。明确公司总部与阿米巴的分权关系，把阿米巴的任务、流程、权力和责任重新进行有效组合和协调。设定各阿米巴的职责和权限，什么决策全归它管、什么不归它管，并且明确彼此之间的汇报关系，以确保决策和执行的质量及速度。

（4）建立绩效考核体系。绩效考核必须与该阿米巴赋予的权责相称，科学设计合理的考核目标，使阿米巴经营目标与企业整体战略重合。建立阿米巴激励体系，设计多种激励方式。

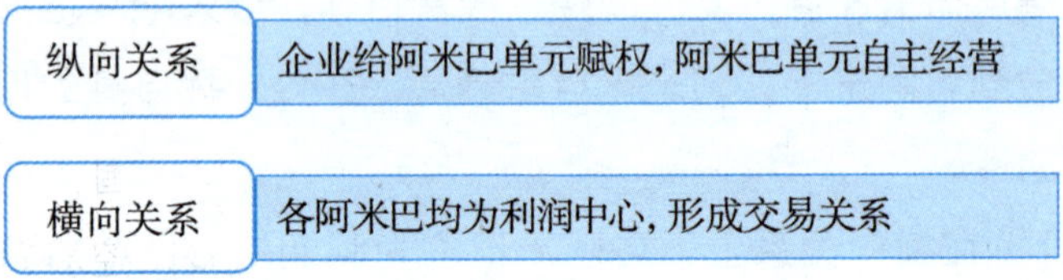

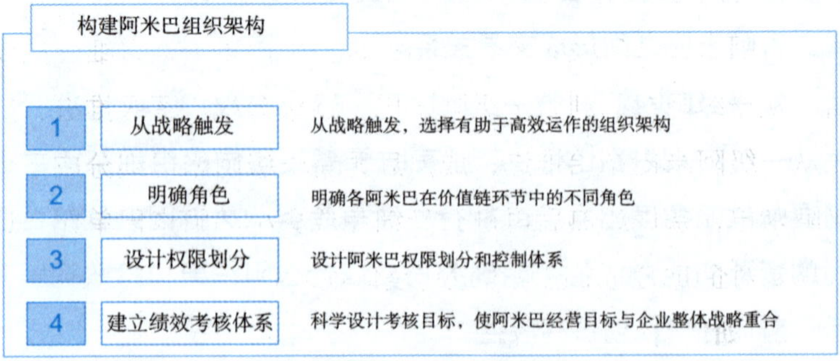

图50　构建阿米巴组织架构

NO. 46

自上而下还是自下而上设计阿米巴

自上而下设计与自下而上设计阿米巴，各有利弊。从时间的快慢而言，自下而上，先在下面的几个部门、车间、科室推行阿米巴，实施的速度更快一些。从整体效果而言，最好还是自上而下来设计。

1. 如何自上而下设计阿米巴

阿米巴组织架构，去行政化、去权力化。设计阿米巴组织架构，最好的方式是从上而下来设计。因为这个时候，企业已经梳理了公司的战略，已经对公司的组织架构重新设计，在新的组织架构上来做阿米巴的划分，更容易产生效果。

形成自上而下的管理架构。按照各阿米巴经营范围，在发展规划、业务审批和定价、产品创新和推广、风险防控流程和手段等方面做到自上而下的统一标准、垂直管理。

在阿米巴层级设定上，遵循的是自上而下，逐级细分的逻辑。从一级阿米巴到若干级阿米巴，逐级分权、逐级推进。如先从一级阿米巴开始推进，成熟后再将一级阿米巴细分成下一级阿米巴，条件成熟后再进一步细化成更小的阿米巴单元，这就需要对企业的阿米巴划分进行整体规划。

2. 如何自下而上设计阿米巴

自下而上，先试点后推广。阿米巴经营的推行首先应该从局部开始试验，待试点取得明显成效、推行成功之后再进行推广，逐步运行到整个企业。

例如，有些公司要求把制造部门做成阿米巴，这样也可以，这叫自下而上的设计。待试点取得成功，再在整个公司广泛推行。或者公司着急导入阿米巴经营模式，等不了从上而下进行设计，也可以采用自下而上的方法。

企业推行阿米巴经营模式，不是为了某个阿米巴的利益，而是为了整个企业的利益。因此，在推行阿米巴进行局部试点时，要时刻把企业的整体利益放在第一位。

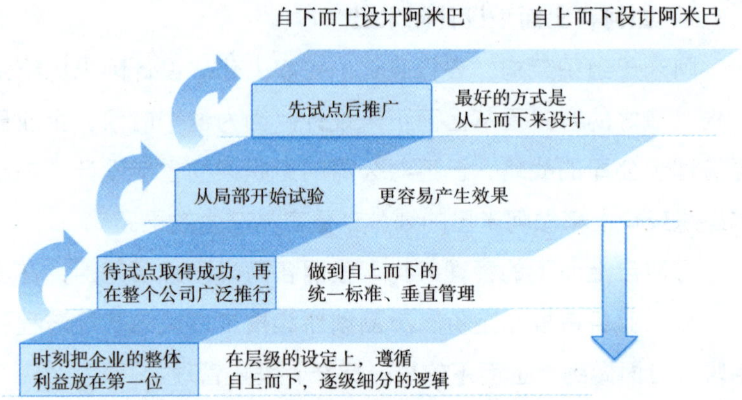

图51　设计阿米巴组织的两种方式

NO. 47

设置多少级别的阿米巴较合适

对于阿米巴组织来说，设置多少级别的阿米巴较合适呢？根据我们的阿米巴管理咨询经验认为：阿米巴层级划分要符合企业自身的需求。阿米巴的级数没有严格的规定，但阿米巴的级数并非越多越好。阿米巴的个数也没有确定的数量，符合成立条件，尽可能成立阿米巴。

1. 什么是阿米巴的层级

阿米巴的层级，是指在纵向结构设计中确定层级数目和有效的管理幅度，并根据组织集权化的程度，规定纵向各阿米巴层级之间的权责关系，最终形成一个能够适应内外环境动态变化有效的阿米巴架构。

阿米巴经营模式实行分层次的多级管理，层级分别是：集团控股公司——各片区（主要城市）——各分子公司——一级阿米巴（例如营销阿米巴和生产阿米巴）——二级阿米巴——三级阿米巴等，最后一直分解到最底层的阿米巴组织。

2. 阿米巴的级数，多少最合适

阿米巴的级数并非越多越好，如果阿米巴分割得太细，小组织就会泛滥，反而产生浪费。

设置多少级阿米巴，主要看我们的财务数据，能不能够支撑，能不能核算到那里。公司能支撑到的财务核算，充其量也就到四级和五级。一般的单体公司，分成三级较为合适。

阿米巴架构是扁平化，导致阿米巴的级数通常少于原来组织层级数。管理层级的减少也使得信息传递的速度加快，并可避免中间环节过多从而对信息传递产生的干扰，提升组织的效率。

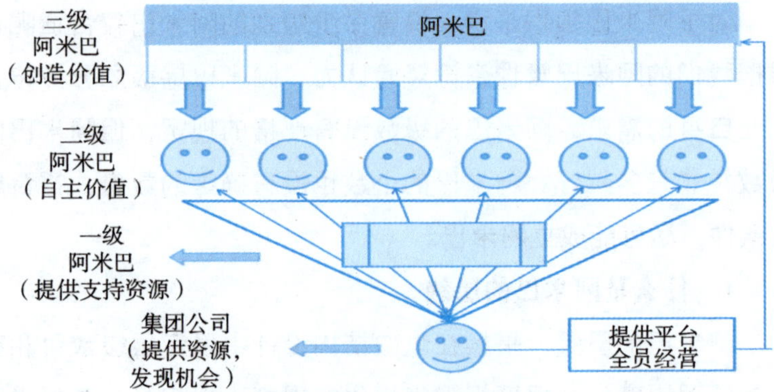

图52　阿米巴组织的层级

表3　阿米巴单元划分的层级及形态

级别	名称或范围	形态	划分维度	阿米巴个数
一级				
二级				
三级				
说明：				

NO.48

阿米巴组织的裂变有何特点

在阿米巴运行纵深化的阶段，阿米巴将产生裂变和分化。裂变是“分”，即按产品、客户、区域等类别组团，通过内生式发展和国内并购，不断裂变出若干个相对独立的阿米巴。阿米巴持续裂变的过程，代表企业的规模不断发展扩大。

1．阿米巴裂变孵化方向

阿米巴裂变孵化，向上和向下都可以无限延伸。当阿米巴组织裂变孵化几次后，母体公司自然就在层级的上端了，这样就形成了多层级，根据裂变的层级也会有相应的阿米巴激励机制。

2．阿米巴平行裂变

例如成品阿米巴内部按研发、销售、生产、经营支持、后勤服务裂变为五个二级阿米巴；生产又按车间、工段裂变为若干个三级阿米巴；销售按客户或区域裂变为三级阿米巴。

3．阿米巴裂变孵化的规则

阿米巴裂变需要制定基本规则，形成制度保障。其核心内容包括：建立投、融、管、退的一套成果资产化流程；阿米巴裂变顶层设计方案，包括阿米巴裂变孵化的范围、评审、标准、激励政策等；阿米巴孵化制度，包括经营协议、种子资金使用规则、内部资源申请及结算等。

4. 阿米巴裂变与培育新业务

随着公司裂变孵化出更多的阿米巴，公司业务规模自然在扩充，并且这种扩充是建立在以投资回报率增长、劳动生产率提升基础之上的良性扩充。

从企业整体发展角度来说，一定要鼓励阿米巴培育新业务，但当阿米巴内与原核心业务非相关的业务发展较快、预期成长性较高且耗用精力较大时，亦可以考虑将此非相关业务进行分拆，单独成立与原阿米巴平行的阿米巴组织，或在原阿米巴内孵化出产销一体的“微阿米巴”，以促进该业务的快速发展。

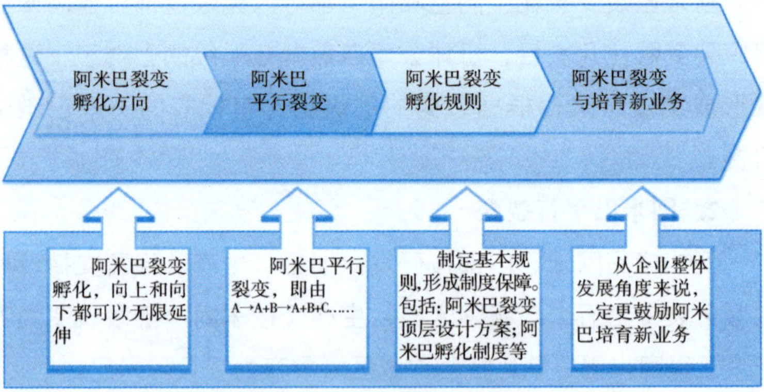

图53 阿米巴组织的裂变

表4 阿米巴组织裂变后的权、责、利

项类	具体内容
阿米巴组织权力	原阿米巴组织的权限遵循公司统一原则重新划分
	阿米巴组织分裂或合并后构建权限，原则上参照分裂或合并后同级阿米巴的标准
阿米巴组织责任	原阿米巴组织的职能和职责在拆分合并后保持完整不遗漏
	职能、职责切割原则上，根据业务需要和组织定位进行
	阿米巴纵向分裂时，上级巴长需扶持下级分裂出的阿米巴开展阿米巴的业务活动和管理工作，并享受一定的利益
阿米巴组织利益	阿米巴组织分裂合并后的激励方案需要重新制订
	在阿米巴组织纵向分裂时，分裂出的下级阿米巴原则上需要在一定周期内（半年或一年）分享阿米巴的相应利益给上级阿米巴（相应比例或数据具体以测算为准）

NO.49

阿米巴如何有效整合

在阿米巴经营模式中，业务需要聚焦，组织需要整合，这样效率才能更高。持续的裂变和聚变，形成多个跨地区、跨行业的阿米巴，打造平台化企业。

1. 什么是阿米巴整合

阿米巴整合，是指针对企业发展过程中对已有的阿米巴进行调整和重新组合的过程。可以在上下级阿米巴之间进行整合，也可以在平级阿米巴之间进行调整合并。

2. 阿米巴整合的目的

（1）突出公司的主营业务。重塑业务，突出品牌优势，明确重点的发展方向，精干主体，剥离非优势主体，使之发挥已有的主营业务的优势，保持持续发展的动力。

（2）避免集团型企业资源分散，形成优势合力，以期在激烈的市场竞争中占据有利形势，打击竞争对手，增强企业的核心竞争力，实现战略协同。

3. 阿米巴整合的原则

在阿米巴整合的过程中，通常要遵循以下原则：

（1）规模效益原则：要考虑能取得较大销售收入的阿米巴，以做大做强为主要战略调整目标，实现规模效益。

（2）盈利能力原则：为了重组后阿米巴具有较好的盈利

能力，需要对现有的业务进行梳理。对能够获得较好的经济效益的阿米巴加以重组，对业绩较差的阿米巴则采取保留或放弃的处理方案。

（3）完整产业链原则：在产业链中处于原材料及主要产品的优势地位阿米巴，划入为优先遴选范围。

（4）可持续发展原则：对参与重组的阿米巴，要注重其可持续发展的能力。

4. 阿米巴整合实施步骤

为使阿米巴整合能够顺利推行，其阿米巴整合过程按以下步骤进行：

第一步：论证阿米巴整合的必要性和可行性。

第二步：确定阿米巴整合的目标。整合目标：一是整合完成后达到的经济效益（列出具体数据）；二是有助于企业做大、做强、做久；三是培养更高层次的经营型人才。

第三步：确定阿米巴整合的原则。

第四步：确定参与整合的各级阿米巴。

第五步：确定阿米巴整合的范围。哪个阿米巴需要整合，哪个阿米巴维持不变等。

第六步：提交可执行的操作方案。

第七步：阿米巴整合实施。在充分考虑到各方面因素，制订出阿米巴整合决策方案之后，可以付诸实施。

阿米巴整合

可以在上下级阿米巴之间进行整合
也可以在平级阿米巴之间进行调整合并

阿米巴整合的目的

1.突出公司的主营业务
2.增强企业的核心竞争力，实现战略协同

阿米巴整合实施步骤

1	论证	论证阿米巴整合的必要性和可行性
2	确定目标	确定阿米巴整合的目标
3	确定原则	确定阿米巴整合的原则
4	确定对象	确定参与整合的各级阿米巴
5	确定范围	确定阿米巴的整合范围
6	制订方案	提交可行的操作方案
7	付诸实施	制订出阿米巴整合决策方案之后，可以付诸实施

图54　阿米巴整合

NO.50

阿米巴的拆分和合并方式是什么

在阿米巴经营的过程中，还需要根据市场动态和运行情况对阿米巴进行调整，可能将原有的一个阿米巴拆分成多个阿米巴，或者将多个阿米巴合并成为一个阿米巴。阿米巴的调整决定一般是经营者根据经营会计报表的结果做出来的。

1. 阿米巴的拆分

原有的一个阿米巴拆分成多个阿米巴，企业拆分为若干个阿米巴组织，每个阿米巴既能独立运作又能有机地结合在一起。对于阿米巴组织来说，这种拆分相当于对阿米巴人员的一次重构。伴随着这一转变，很大程度上可以激活各个阿米巴的独立积极性和发挥他们的潜力。

阿米巴拆分之后，公司将实现简政放权、组织扁平化、专业化经营、项目制、小团队作战、垂直化管理。

阿米巴拆分的好处是，由一个决策者的单线体系，变身成多个具有经营意识领导者构成的阿米巴体系。从企业的现实经营来说，这么做的直接目的是分摊企业成本，还会给企业的发展注入很多新鲜的血液。

2. 阿米巴的合并

在恰当的时机进行合并体现了阿米巴经营的灵活性。我们划分阿米巴不是单纯地对企业组织进行细分，而是在遵循一定的原则，根据市场变化和企业需求对经营单元不断进行重组、合并，用我们的力量推动企业的发展。

阿米巴并不只有拆分，阿米巴的合并也是一个常态。企业往往把业务做得差的阿米巴组织进行合并，或者是严重经营不善、士气低迷的阿米巴也会被重组，所有做的这一切都不是基于企业决策层的喜好，而是基于市场与客户做出的动态调整。如果总是优柔寡断不能根据需要对相关阿米巴进行撤销或合并，就会导致组织越来越臃肿，这就失去了阿米巴经营的本质！

企业可以根据领导人的能力对阿米巴进行合并。如果某阿米巴业绩不振，可以将该阿米巴合并到领导人出色的其他阿米巴组织中。此后如果该阿米巴的经营有了起色，可以再次划分出去。

3. 阿米巴拆分与合并的选择

我们通过表5，来说明在什么样的情况下，选择拆分或合并。

表5 阿米巴拆分与合并的选择

情况	拆分	合并
培养更多的经营型人才	√	
需进一步明确经营状况	√	
需进一步寻找改善措施	√	
需进一步激发组织的活力	√	
……	√	
培养更高层次的经营型人才		√
某阿米巴亏损或阿米巴巴长能力不足		√
……		√

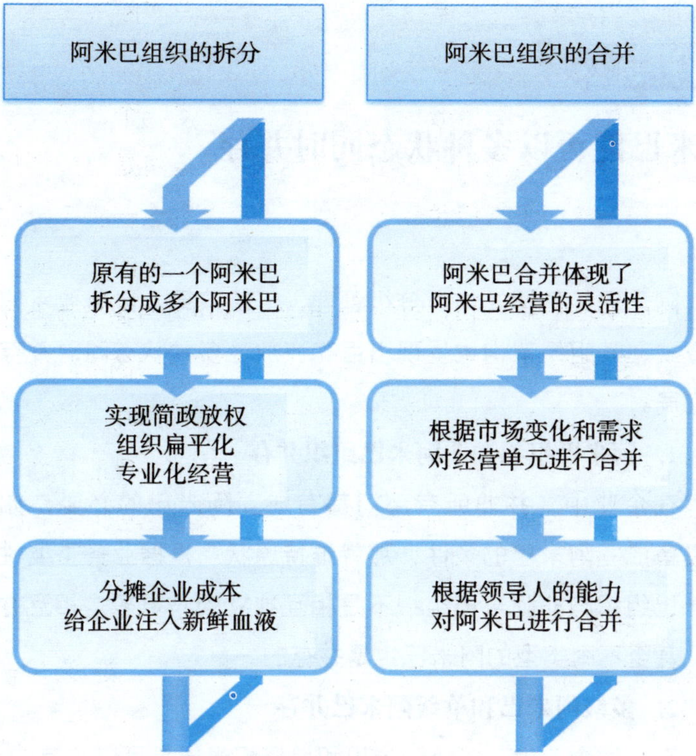

图55　阿米巴的拆分和合并方式

NO. 51

阿米巴能否以多种状态同时并存

阿米巴经营模式作为分级管理、分级核算、自负盈亏的一种形式，其组织架构也呈现出百花齐放、多种状态同时并存的新格局。

1. 阿米巴组织和非阿米巴组织并存

在企业中，并非所有部门都有成立阿米巴的必要，如果不具备成立阿米巴的条件，那就维持原状。根据业务重要性，阿米巴组织与非阿米巴组织不是相互独立的，更多是相互并存的，甚至不同类型的阿米巴也是并存的。

2. 多级阿米巴和单级阿米巴并存

在一家企业中，多级阿米巴和单级阿米巴是可以并存的。

有的部门可以分成三级阿米巴，甚至四级阿米巴。例如，销售部门是一个一级阿米巴，销售部又按照区域维度划分成多个二级阿米巴，区域阿米巴可能又按照客户维度分成三级阿米巴，这是一个多级阿米巴。人力资源部由于业务单一，可以是一个一级阿米巴，也可以是一个单级阿米巴。

作为多级阿米巴的销售部门，以及作为单级阿米巴的人力资源部门，这两个部门在公司中都是并存的。

3. 自下而上设计与自上而下设计并存

设计阿米巴架构的时候，根据公司规模、企业发展战略、投资决策、产品开发、经营地域等情况，确定是采取自下而上的方式，还是自上而下的方式。

在通常情况下，自下而上设计与自上而下设计是并存的。如果追求整体效果，我们可以选择自上而下，逐级细分。如果追求快速导入阿米巴，可以自下而上的选择一些部门、车间、科室先做成阿米巴，待试点取得成功，再在整个公司广泛推行。

4. 核算的五种形态可以并存

在一些企业中，阿米巴的核算形态并非是单一的，而是五种形态同时并存。比如采购部门做成成本中心；品管部门做成成本中心；财务部门做成投资中心，这相当于资本阿米巴，销售部门做成收入中心等。多种核算形态并存，就形成相互依存、共存共生的阿米巴生态圈。

5. 划分的六个维度可以并存

划分阿米巴的时候，有的阿米巴是按照职能维度来划分，有的阿米巴是根据客户维度来划分，有的阿米巴是按照区域维度来划分，有的阿米巴是按照品牌维度来划分。即划分阿米巴的六个维度是可以并存的。

阿米巴组织和非阿米巴组织并存

根据业务的重要性，阿米巴组织与非阿米巴组织不是相互独立的，更多是相互并存的

多级阿米巴和单级阿米巴并存

在一家企业中，多级阿米巴和单级阿米巴是可以并存的

自下而上设计与自上而下设计并存

如果追求整体效果，可以自上而下逐级细分。如果追求快速导入阿米巴，可以自下而上地进行试点，然后再推广

核算的五种形态可以并存

阿米巴的核算形态并非单一的，而是利润中心、成本中心、费用中心、投资中心、收入中心等五种形态同时并存

划分的六个维度可以并存

划分阿米巴的时候，职能、价值链、产品、品牌、区域和客户等六个维度是可以并存的

图56　阿米巴可以多种状态同时并存

NO.52

如何进行阿米巴组织职能定位

进行阿米巴组织职能定位，就需要拟定阿米巴各部门职能和核心岗位的岗位职责，对阿米巴所需完成的任务、工作和责任以及所拥有的职权的界定，最后编制阿米巴职能说明书。

1. 阿米巴组织职能定位的原则

（1）目标任务的原则：阿米巴组织架构设计的根本目的，就是为了实现企业的战略任务和经营目标，其职能定位也以经营目标作为出发点。

（2）责权利相结合的原则：这一原则适用于阿米巴组织中的任何一个层次。

（3）分工协作的原则及精干高效的原则：在合理分工的基础上，各专业部门必须加强协作和配合，以达到组织的整体目标。

2. 阿米巴职能定位的内容

（1）职能领域。阿米巴的职能领域主要包括：销售职能、采购职能、生产职能、经营辅助职能、品管职能、人力资源职能、财务职能等。

（2）职能模块。即对职能领域进行细分。例如，销售职能细分出来的职能模块有产品定价、销售订单跟进，售后服务、销售信息报送等。

（3）职能定位。即针对职能模块的内容，清晰描述需完成的任务、工作和责任，从而为后续的定岗和定编提供依据。例如，职能模块中的产品定价，其职能定位内容为：以将产品出售给营销阿米巴的方式进行定价，以市场价为依据，参照成本进行定价。

3. 编制阿米巴职能说明书

阿米巴职能说明书一般用表单形式编制，通常分六大部分进行设计表单：

（1）基本信息：名称、版本、级别、代码、直接上级、编制人数。

（2）工作关系：分为外联单位、内联单位。

（3）职能概述：具体描述需要完成的任务、工作和责任。

（4）职能模块和职能细则：对职能模块的内容给予定义性说明。

（5）审批实施：即初步框架出来以后，上级阿米巴、人力资源部进行细则讨论和补充，填写进统一的模板里，上报公司总经理进行审批后实施。

（6）日期：主要包括审核日期、复核日期和批准日期。

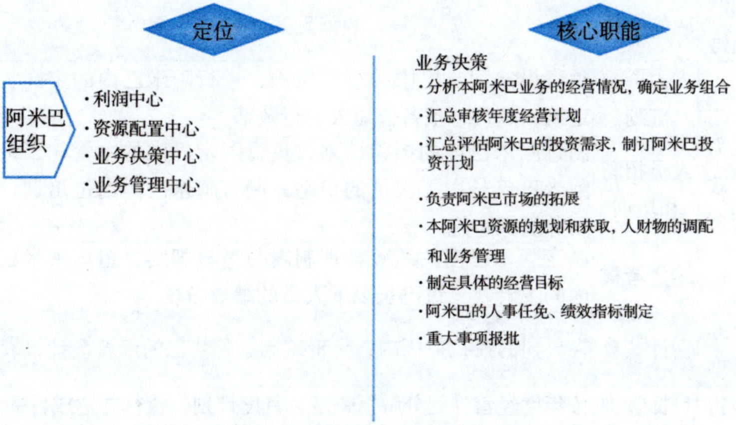

图57　阿米巴组织的核心职能

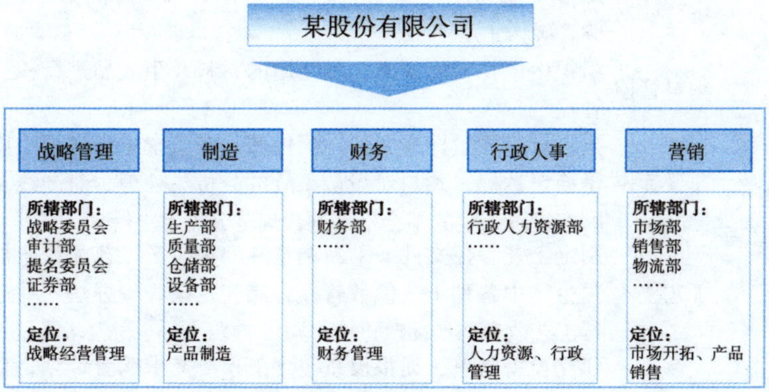

图58　组织职能定位

表6　一级阿米巴的职能具体内容

职能领域	职能模块	职能具体内容
人力行政管理	人力资源规划	负责设定阿米巴内的组织架构，进行阿米巴内的定岗、定编、定员，报备公司人力行政部
	人员招聘和培训	制订阿米巴内的招聘计划，负责阿米巴内的主管、二级阿米巴巴长以下人员的招聘；制订阿米巴内岗位培训计划并组织实施
	绩效考核	制定阿米巴内的绩效管理制度与考核细则，组织阿米巴内的主管及二级巴长以下人员的绩效考核
财务管理	会计核算	在公司的授权范围内，负责编制本阿米巴的经营会计报表
销售管理	目标管理	按年度经营计划分解至季度、月度计划，执行并达成目标
	费用控制	按照阿米巴经营报表，严格进行费用预算、发生与控制
生产管理	目标管控	负责生产阿米巴的生产任务、质量目标、成本目标、效率目标的制定与达成
	生产计划	按订单编排生产计划，确保交货期，合理配比人力资源，确保生产顺畅
	物料管控	组织生产物料的调配，对领用的材料及半成品进行核实管控
	质量管控	执行产品质量标准文件，确保产品在整个生产过程中质量稳定达标，参与对质量事故的分析与处理，对产线及顾客投诉产生的不合格品进行规范分流返工管理
	工艺技术	制定工艺管控文件，不断调整和完善生产工艺流程，加强生产中各种工艺参数管控，制定工模管理办法，并进行工艺改良与产品改进
	设备管理	建立设备清单，提报设备（含工模）需求购置计划，负责新设备（含工模）入场验收及生产设备（含工模）的日常维修与保养
	成本控制	达成公司材料消耗目标，对异常产生之失败成本责任到个人，达成巴内成本管控目标
质量管理	供应商评价	对进料产品质量进行评审评鉴及供应商品质等级进行评价
	成品入库检验	对产品进行检验，合格品安排入库
	出货检验	按客户品质要求制定OQC出货检验规范，并按规范检验合格标识出货

表7　二级销售阿米巴的职能具体内容

职能领域	职能模块	职能定位
目标管理	目标管控	按年度目标分解至季度、月度目标，执行并达成目标
	费用管控	编制阿米巴的内费用预算管理并达成
	绩效考核	负责对二级阿米巴巴长及主管以下人员的绩效实施考核
市场拓展	市场调研	收集行业市场发展趋势及市场需求信息，达成拓展目标并进行新客户导入对接管理
	目标竞争对手	收集竞争对手的市场动态信息，树立行业竞争对手标杆
	市场拓展	根据制订的市场拓展计划，负责市场新客户的调查、评估、谈判、沟通、报批工作，并有效完成拓展目标
	客户开发与管理	按月制订客户开发计划，并按计划检查达成情况；对客户进行分级管理，加强客户关系维护
	货款回收	建立货款回收台账和客户信用等级评价记录，定期与客户对账并跟催货款
客户服务	订单评审及跟踪	接收客户订单并组织订单评审，进行订单跟踪
	销售数据统计分析	定期对销售数据进行统计分析，发现问题，及时调整销售策略
	客户服务	建立客户档案，牵头处理客户投诉及组织技术支持，定期组织客户满意度调查

表8 生产阿米巴的职能说明书

名 称		版 本	
级 别	一级	代 码	
直接上级	生产总监	编制人数	
外联单位	环保部门、食品安全部门、质量监督检查部门、消防部门、一运物流中心、快递公司		
内联单位	销售阿米巴、财务部、生产运营部、质量管理部、技术研发部、采购部、计划与物控部、设备工程部		
职能概述	采购管理、仓储管理、生产管理、人员管理、绩效考核、外部沟通		
职能模块	职能细则		
采购管理	制订采购计划，执行采购计划，完成采购任务；跟踪产品质量		
仓储管理	确定原料及成品最低库存，明确订货周期；依据“先入先出”的原则进行仓储；定期盘点；原料库跟踪原料质量，成品库跟踪成品质量，并进行反馈		
生产管理	编制生产计划，以及基础设施与设备的申购；合理安排生产顺序，保质保量完成生产计划；对生产过程进行监视和测量；不断提高产品质量，持续改进		
人员管理	制订人员需求计划、培训计划；协助招聘阿米巴成员，参与阿米巴成员培训，管理阿米巴成员考勤；对阿米巴成员工作表现进行考核；对阿米巴成员进行相应的激励		
绩效考核	制定绩效考核细则；执行绩效考核细则；依据考核结果进行相应的激励		
外部沟通	负责与营销部、财务部、人力资源部、设备工程部、技术研发部等内联单位协调配合，积极完成公司的各项任务		
上级阿米巴巴长审核		审核日期：	
行政人力资源部复核		复核日期：	
总经理批准		批准日期：	

表9　销售阿米巴的职能说明书

名称	营销部	版本：	
级别	一级	代码：	
直接上级	营销总监	编制人数：	
外联单位			
内联单位	生产阿米巴、财务部、人力资源部		
职能概述	制订销售计划、完成销售目标		
职能模块	职能细则		
经营计划职能	发展战略、月度、年度经营计划、预算；对广告投放和促销活动投放进行预算；制定公司的市场战略、目标、方针、政策		
产品销售职能	制定营销、分销和渠道策略；识别市场细分和目标客户；开展销售预测 ；产品定义报价和定位；产品定价设计和管理		
业务核算职能	销售业务核算体系；输出销售核算的报表；销售结构、毛利率等销售业务分析		
售后服务	建立客户档案并加以管理；对客户反馈进行管理 ；客户满意度进行调查；对于产品质量问题进行解决		
市场调研	发现新产品；评估和改进已有产品的服务		
上级阿米巴巴长审核		审核日期：	
行政人力资源部复核		复核日期:	
总经理批准		批准日期：	

NO. 53

如何界定阿米巴与其他部门的对接事项

为了消除阿米巴组织与集团内部相关部门之间的职能真空地带和交叉点，需要界定公司总部和阿米巴组织的对接事项和对接流程。

1. 确定对接部门

阿米巴组织与集团内部相关部门的对接，主要包括这些部门：销售部门、生产部门、研发部门、IT部门、人力资源部门等。

2. 细分对接事项

各个对接部门细分出来的对接事项，通过细化，可以实现责任归类，做好对接工作。

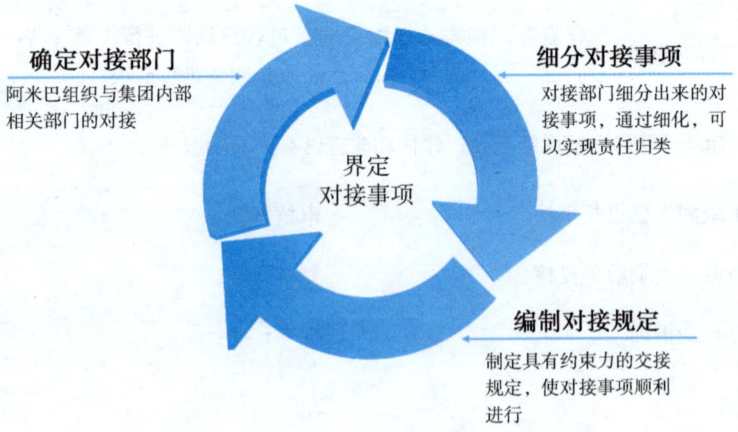

图59　界定阿米巴与其他部门的对接事项

3．编制对接规定

通过制定具有约束力的对接规定，使对接事项顺利进行，有效保障阿米巴经营模式的实施。

表10 生产阿米巴与各阿米巴、集团职能部门的对接

序号	职能模块	销售阿米巴	人力资源部	计划与物控部	采购部	设备工程部	质量管理部	原料库	成品库	财务部	研发部
1	采购管理				制订采购计划；跟踪产品质量						
2	仓储管理							按照先入先出的原则调拨原物料；定期盘点	按照先入先出的原则仓储；定期盘点		
3	生产管理	根据当日销售量确认生产计划		完成生产计划		申购基础设备设施；维修保养设备设施	对生产过程进行监视和测量			成本预算；成本核算	依据作业指导作业
4	人员管理		制订人员需求计划、培训计划；协助招聘阿米巴成员，参与阿米巴成员的培训，管理阿米巴成员的考勤								
5	绩效考核						执行考核细则			成本核算；利润核算	

表11　销售阿米巴与各阿米巴、集团职能部门的对接

序号	职能模块	销售阿米巴			生产阿米巴	人力资源部	财务部
		销售一级阿米巴	销售二级阿米巴	销售三级阿米巴	生产一级阿米巴		
1	业务指标	制订年度计划、促销活动	下达计划指标	执行销售计划	下达销售订单		报批审计
2	销售费用	对销售费用进行预算	提供销售数据、费用数据	提供费用票据	核实销售与退货品相关数据		核对销售数据的准确性
3	人员招聘	提交人员需求申请	对人员进行培训	对人员进行考核		对员工进行招聘与制定薪酬	
4	产品信息反馈	整理信息	搜集市场信息	反馈市场信息	反馈产品信息		
5	新品上市	提出上市新品	整理市场信息	反馈市场信息	研发新品		定价、报批、备案
6	物流管理	审批物流政策	制定物流政策	管理物流车辆			审核物流票据

NO.54

如何进行阿米巴流程设计与优化

阿米巴业务流程就是一组共同给客户创造价值的相互关联的活动进程，在阿米巴流程设计过程中，通过对阿米巴各项管理工作进行流程化的塑造，进行相应的资源调整，从而明确哪项工作应该由哪个阿米巴组织、哪个人来具体负责，使企业各阿米巴、各岗位的职责更加明晰地体现出来，有利于提高企业的整体竞争力。

1. 阿米巴流程的作用

（1）阿米巴流程的作用：阿米巴流程是对业务运作的规范，可以不断地总结和固化优秀的经验。

（2）阿米巴必须建立为内部客户创造价值的流程管理机制。体现在建立规范的业务流程体现；定期评估流程的运作绩效；建立流程持续优化的机制。

2. 阿米巴流程的设计

（1）识别关键流程。流程识别开始于整体的视察公司。

（2）定义业务流程，这就需要分层设计，包括对高阶流程的定义、对关键流程的定义、对关键活动操作规范的定义。

高阶流程也可进一步细分。

（3）划分流程范围。流程范围界定，主要包括流程的起始点、流程的终止点、流程的上限、流程的下限。

（4）设计逻辑流程图。主要用逻辑流程图来描述流程，表示工作的流向。

3. 阿米巴流程的优化

优秀的流程将使成功的企业与其他竞争者区分开来，因此，我们需要对阿米巴业务流程进行优化。流程优化是帮助阿米巴组织显著提高流程运作水平的一种系统的方法，使阿米巴业务流程产生效果、具有效率和适应性。

阿米巴业务流程优化的简要步骤：

（1）确定优化的目标，组建流程优化团队。

（2）搜集流程概况信息。

（3）访谈流程关键人员和建立现状流程模型。

（4）评估现状流程、差距分析。

（5）设计未来的流程。

（6）调整组织、流程试运行。

（7）推行并纳入流程管理。

4. 阿米巴业务流程表单的设计

阿米巴业务流程表单是一种工具，可用来了解、分析和归档阿米巴的流程和活动，帮助确定该如何进行改善。

阿米巴业务流程表单主要包括如下内容：

（1）流程名称：主要确定流程范围，按步骤进行每个关键业务的子流程。

（2）优化方法：阿米巴业务流程的持续优化。

（3）最终决策者：运作过程中阿米巴之间的争议事项，由谁负责仲裁。

（4）主流程：业务流程的一系列步骤。

（5）相关表单：涉及的部门及表格。

（6）审核和日期：何时、由谁对它进行复核？所设计的流程图需通过企业中高层领导讨论最终确定，既可以集思广益，又有助于流程的优化。

5．阿米巴业务流程的管理与实施

阿米巴的所有流程设计完毕后，经总经理审批、颁布实施，各阿米巴须认真遵照执行。

阿米巴流程的作用	阿米巴流程的设计	阿米巴流程的优化	业务流程表单的设计	业务流程的管理与实施
1. 阿米巴流程是对业务运作的规范，可以总结和固化优秀的经验 2. 建立为内部客户创造价值的流程管理机制	1. 识别关键流程 2. 定义业务流程 3. 划分流程范围 4. 设计逻辑流程图	1. 确定优化的目标 2. 搜集流程概况信息 3. 访谈流程关键人员和建立现状流程模型 4. 评估现状流程、差距分析 5. 设计未来的流程 6. 调整组织、流程试运行 7. 推行并纳入流程管理	阿米巴业务流程表是一种工具，可用来了解、分析和归档阿米巴的流程和活动，帮助确定改善机会	1. 阿米巴业务流程确定之后，更重要的工作在于管理与实施 2. 通过员工培训，让全体阿米巴员工共同认识到流程的意义，增强员工的自觉性，推动与实施才会见到效果

图60　阿米巴流程的设计与优化

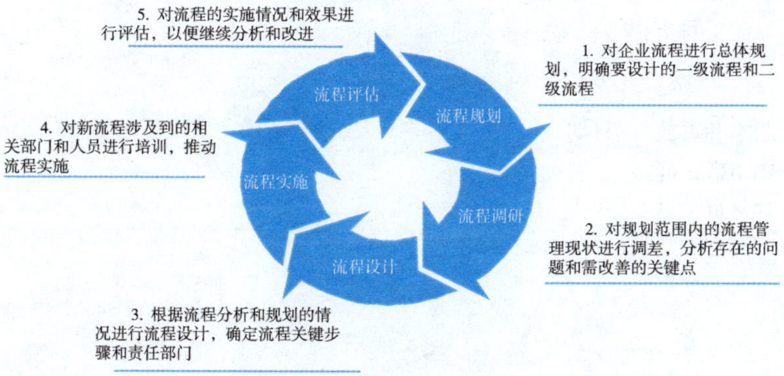

图61　流程优化五步骤

阿米巴业务流程确定之后，更重要的工作在于管理与实施。企业需要组织各种形式的员工培训，让全体阿米巴员工共同认识到流程的意义，增强员工的自觉性，推动与实施才会见到效果。

表12　生产阿米巴的流程

序号	流程名称	优化方法	最终裁决者	主流程	使用表格
1.生产管理					
1	生产流程		生产总监	原料采购（采购部）—原料仓储（原料库）—生产（二级阿米巴）—成品仓储（成品库）	
版本和页数	日期		日期		日期
V1.0第×页共×页					

表13　销售阿米巴（一级）流程

序号	流程名称	优化方法	最终裁决者	主流程	使用表格
1	经营计划				
1.1	市场战略、目标、方针、政策		董事长	预测市场信息（一级阿米巴巴长）—确定市场目标（一级阿米巴巴长）—上报总经理批准（董事长）—执行	
1.2	月度、年度经营计划		一级阿米巴巴长	制订销售计划（二级阿米巴巴长）—审核（一级阿米巴巴长）—批准（一级阿米巴巴长）—执行	
1.3	广告投放和促销活动投放预算		董事长	制订广告、促销活动投放计划（市场部、二级阿米巴巴长）—审核（一级阿米巴巴长）—广告、促销计划上报(董事长）—审批（董事长）—执行	
2	产品销售				
2.1	新产品上市流程		董事长	提案（销售）—审核（一级阿米巴巴长）—成本分析及样品制作（研发部、采购部）—是否采纳（董事长）—审核（董事长）—批准（按授权体系权限）—新品启动（一级阿米巴巴长执行）	新品上市计划表
2.2	客户细分		一级阿米巴巴长	提案（二级阿米巴巴长）—审核（一级阿米巴巴长）—客户具体分配（一级阿米巴巴长）—批准（一级阿米巴巴长）—执行（二级阿米巴巴长执行）	
3	业务核算职能				
3.1	销售合同审批流程		一级阿米巴巴长	提案（销售）—审核（部门主管）—审核（法务）—会签（涉及合同内容的相关单位）—审批（一级阿米巴巴长）—归档（总裁办法务）	销售合同审批表
4	售后服务				
4.1	建立客户档案		一级阿米巴巴长	提案（销售）—审批（二级阿米巴巴长）—审核（一级阿米巴巴长）—备档（售后服务部）	新开客户统计表
4.2	客户投诉处理		一级阿米巴巴长	接收客户电话（售后）—售后沟通（三级阿米巴巴长）—协调（三级阿米巴巴长）—反馈（三级阿米巴巴长）—备档（售后）	客户投诉处理表

文件编号	巴长/拟定签名	人事行政部/审核签名	总经理/批准签名
版本和页数	日期	日期	日期

表14　销售阿米巴（二级）流程

序号	流程名称	优化方法	最终裁决者	主流程	使用表格
1.营销活动详细业务流程					
1.1	销售预测与要货流程		一级阿米巴巴长	市场分析—销售预测—要货—汇总要货—备货	“销售订货单”“临时订货单”
1.2	信息反馈流程		一级阿米巴巴长	市场信息收集—信息反馈—信息分析—与研发部沟通信息—研发部新产品研发	“报价单”“市场需求信息”
1.3	促销活动工作流程		一级阿米巴巴长	市场销售情况分析—确定促销活动目标—确定促销活动主题—设计促销活动宣传方案—促销活动的前期准备—进行促销活动—进行促销效果分析—发现活动中存在问题—存档	
1.4	结算工作业务流程		一级阿米巴巴长	整理欠条—核实送货—到本地合作客户财务对账（邮寄对账单发票（异地））—送发票，确认汇款（查款是否到账）—结算统计—上报回款进度	
2.市场开发、寻找新客户业务流程					
2.1	客户开发流程		一级阿米巴巴长	客户分类—普通客户/重点客户—客户分析—费用、销售预测分析—实施	“新客户开发表”
3.销售费用控制业务流程					
3.1	销售费用预算编制流程		一级阿米巴巴长	明确销售目标—进行各项预测—确定销售工作范围—目标具体化、预算费用—控制与评价标准—编制费用预算表	“计划、预算”
3.2	销售费用日常控制、管理业务流程		一级阿米巴巴长	费用预算下达、执行—根据预算、财务制度、其他政策审批、控制费用—进行核算、进行预算台账、进行管理台账—费用分析评价、总结、考核、改进—进行下期决策，制定改进措施及相关数据备档	

文件编号	巴长/拟定签名	人事行政部/审核签名	总经理/批准签名
版本和页数	日期	日期	日期
V1.0第×页共×页			

NO.55

阿米巴交易流程有哪些模式

导入阿米巴经营模式，建立起公司内部市场机制，通过市场竞争手段的引入和内外部市场的双向结合，给企业带来一系列积极的影响和深刻的变革，形成以内部各阿米巴横向市场交易为主的运作模式。

各阿米巴之间的交易标的包括“产品加工”和“服务”两大类，其内部交易方式也相应不同。梳理阿米巴内部交易流程，主要体现在如下几个方面。

1. 产品阿米巴的交易流程

（1）业务定位。

各产品阿米巴作为相对独立的经营实体和交易主体，负责相关产品的产品策划、技术开发、市场拓展和产品销售、售后服务，完成相关的业务指标，对公司投入资产的回报直接负责，为公司的利润中心。

（2）交易流程。

根据公司的经营规划、竞争策略和市场状况，产品阿米巴进行相应的产品策划和市场推广，综合判断、预测后确定产品的需求量，以订单方式委托制造阿米巴进行生产。

（3）交易方式。

对制造阿米巴按订单生产的产品，产品阿米巴按内部结算方式付款，并承担市场销售和相应的库存责任。

2. 制造阿米巴的交易流程

（1）业务定位。

作为相对独立的经营实体和交易主体，制造阿米巴负责公司相关产品的工艺设计、加工制造及组装检验，对交货期、质量和服务直接负责，完成相关的业务指标；对公司投入资产的回报直接负责，是公司的利润中心。

（2）交易流程。

各制造阿米巴接受产品阿米巴的订单后，根据订单的安排、市场预测和自身产能状况制订出生产计划，产品加工完成经检验合格后，及时按订单要求向产品阿米巴交货。

（3）交易方式。

对按订单生产的产品，产品权属由制造阿米巴转移给产品阿米巴，后者按约定支付相应的货款，并通过内部结算的方式付款。

3. 采购阿米巴的交易流程

（1）业务定位。

作为公司研发试制和生产加工的共用采购平台，采购阿米巴统一负责常规性、计划性、批量性的原辅材料和零配件的采购活动。

（2）交易流程。

制造阿米巴将采购需求提交给采购阿米巴，双方签订内部委托合同，明确品种、数量、质量、价格和交货日期，由采购阿米巴落实执行。对采购的原辅材料，由制造阿米巴负责验收、采购阿米巴负责仓储管理。

对明显质次价高或严重影响生产节奏的物料采购供应，制造阿米巴有权要求调换或调整，采购阿米巴应积极予以解决。

（3）交易方式。

按采购金额的一定比例，采购阿米巴向委托方计点收取服务费。

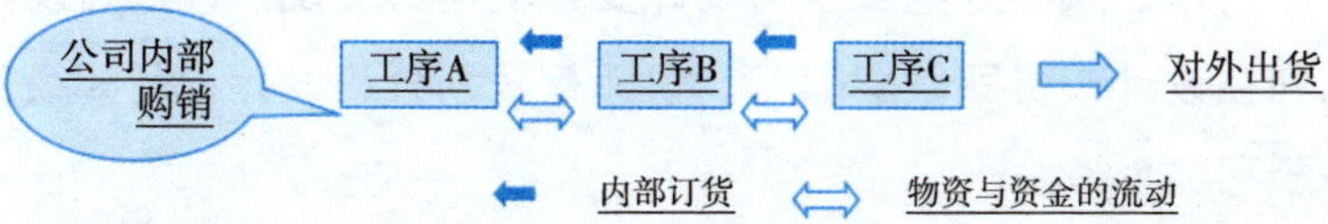

	工序A	工序B	工序C	制造科合计
对外出货			100万	100万
内部销售	30万	70万		100万
内部采购		30万	70万	100万
生产总值	30万	40万	30万	100万

图62　阿米巴之间的公司内部交易

NO. 56

如何设计阿米巴领导人的责权利体系

阿米巴领导人的责权利设计要素就是责任设计、权力设计和利益设计，责即职能职责；权即权限划分和设计；利即绩效薪酬和奖金等。

责权利三位一体合理设置，直接影响到公司及阿米巴的高效运营，科学设计责权利体系，是为阿米巴领导人营造良好的发展平台，是发挥阿米巴经营模式核心价值的必备条件。责权利明晰化，使阿米巴领导人更加了解具体的承担责任内容，应有权利范围和享有利益大小。

1. 阿米巴领导人的职能职责

（1）确保阿米巴经营目标的实现。这项基本职责是检查和衡量阿米巴领导人管理成败、水平高低的基本标志。

（2）实施阿米巴的经营计划。包括实施并落实集团公司下达的年度经营计划；监督控制经营计划的实施过程，并分解到月、季度，对结果负全面责任。

（3）确保阿米巴利润最大化。包括：负责阿米巴各环节的费用支出和控制，确保阿米巴利润的最大化；检查财务预算执行情况、资金运用情况和盈亏情况。

（4）主持阿米巴经营日常工作，对重大事项进行决策。主要包括落实各项经营会议制度，解决工作中存在的问题，做好会议纪要；主持推进关键管理流程和规章制度，及时进行组织和流程化的优化调整；组织领导营造企业文化氛围，塑造和强化公司的价值观；负责处理阿米巴重大突发事件，并及时向集团汇报；对销售、售后运营的综合监管；对阿米巴成员的综合管理，人员的入职变动，离职手续的监管；接受集团审计部门审计监督，对审计中发现的问题要及时反馈并提出整改意见和措施等。

2. 阿米巴领导人的权力

企业需要以“授权、赋能、激活”为主要策略，重构公司的授权体系，公司授予一线管理者更多参与决策的权力。即向阿米巴组织授权，向专业职能部门授权，实现组织提效。

阿米巴领导人的权力主要包括：阿米巴经营权；阿米巴日常管理决策权；对阿米巴各项工作的监控权，包括设备、工具、材料的采购与控制权；对下属的管理水平、业务水平和业绩的考核评价权；人事任免权，有权对阿米巴的组成人员进行选择、考核、聘任和解聘，有权根据阿米巴成员的表现进行奖励和惩罚；财权，包括各项费用在预算内的报销、支出的签批权，超出预算按职权范围报集团审批后执行。

3. 阿米巴领导人的利益与奖罚（绩效、薪酬、奖金）

（1）经营指标，主要考核阿米巴的年度经营目标，是否实现“收入最大化，经费（费用和成本）最小化”。

（2）薪酬标准。通过薪酬设计，制定阿米巴领导人的薪酬标准。

（3）奖金。阿米巴奖金的来源应超越阿米巴目标之上的收益。如果阿米巴创造了高收益，就需要对阿米巴领导人给予奖励。

（4）阿米巴股权激励。对阿米巴领导人的股权激励方案，可先让其持有本阿米巴的股份，必要时折算成公司股份。主要方法有股份转让、增资扩股等。操作上主要有现金购买、分红回填、业绩转股等。

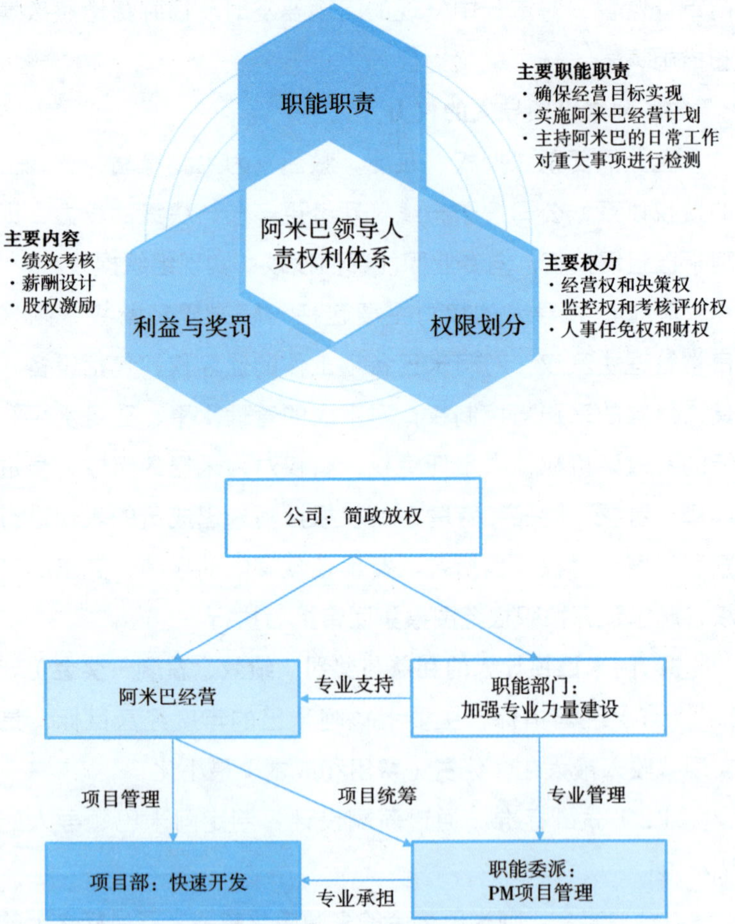

图63　阿米巴领导人的责权利体系

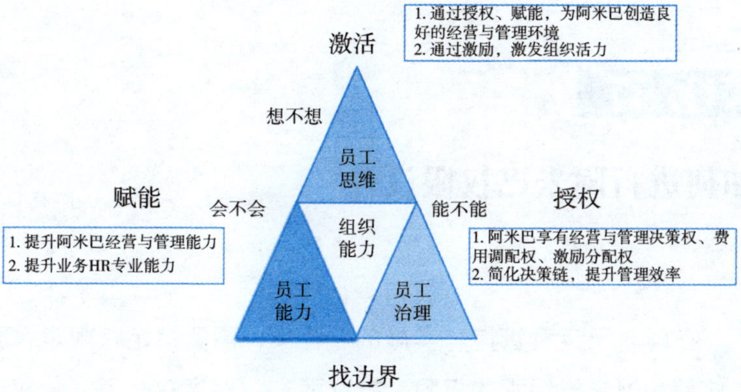

图64　“授权、赋能、激活”的管理机制

NO. 57

如何进行阿米巴权限设计

在阿米巴运营管控与实施的过程中，需要拟定权限表，界定总部和阿米巴组织的权限。概况而言，即集权有道、分权有序、授权有章、用权有度。

1. 权限划分的原则

原则一，遵循管理模式。根据阿米巴的经营模式进行。

原则二，实现权责匹配。责权划分要有权有责，责权对等，确保各阿米巴及公司整体目标的实现。

原则三，提高管理效率。责权划分应清晰、明确，利于各阿米巴效率的提高。

原则四，控制风险因素。责权划分要利于防范风险，保障收益，实现集团利益最大化。

2. 权限划分

具体集权和分权的内容，总部与阿米巴组织各自行使的权力。为了保证“阿米巴经营模式”的实现，应明确总部必须拥有哪些基本权力，能够对各个阿米巴进行有效控制。总部基本权力应包括：重大事项的决策权、合理监控权和高层人事权，这三种权力是总部所拥有的最底线的权力。阿米巴组织则有完全的经营自主权。

3. 权限划分设计

（1）核心管理。核心的管理内容应从战略规划、财务管理（包括投融资管理）、人事管理以及经营协调四大方面进行细化。

（2）关键权限。通过公司总部与阿米巴核心管理职能，明确哪些是关键的权限。

（3）权限分配。审批权、监控权和奖惩权属于总部集权的体现，而提案权、执行权则体现出阿米巴组织所拥有的权限内容。

（4）权限列表。即设计阿米巴业务权限表，内容包括权限类别、工作事项、责权划分等。

4. 阿米巴授权监督方法与手段

（1）事前控制。包括目标管理、计划管理（年度业务计划和预算）。

（2）事中控制。包括审批、审核和备案；报告和汇报；检查和整改；日常指导和业务支持。

（3）事后控制。内部审计（建立监察审计制度）；考核和评估。

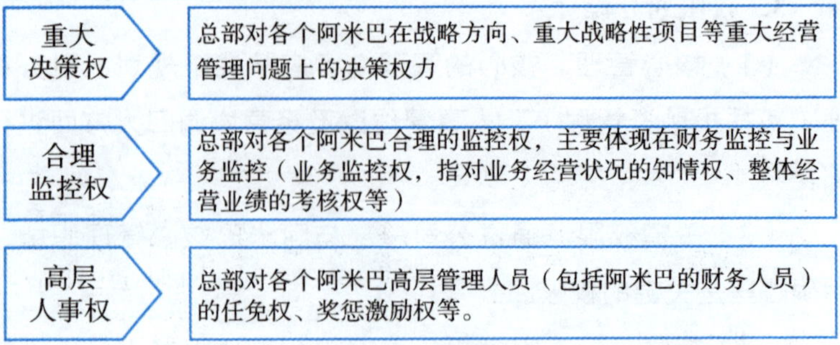

图65　确保集团总部的三大权力

图66　权限划分

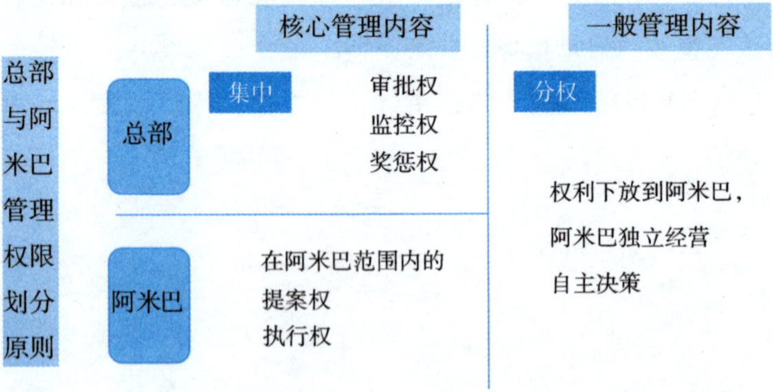

图67　公司总部与阿米巴权限分配框架

表15　生产阿米巴业务权限表

符号说明（在阴影部分直接填入符号）：△拟定 □审核 ◇批准 ◎备案

工作事项			责权划分										
类别	项目	责权限额	销售巴	计划与物控部	人力资源部	设备工程部	原料库	成品库	质量管理部	三级阿米巴巴长	二级阿米巴巴长	一级阿米巴巴长	厂长
	采购管理	制订采购计划					△						◇
	仓储管理	确定最优库存					△	△				□	◇
	生产管理	制订生产计划	△	□									◇
		生产过程的监视和测量							△			□	◇
		领取物料								△	□	◇	
		盘点物料								△	□	◇	
	人员管理	制订人员需求计划			◎					△		□	◇
		制订培训计划			◎						△	□	◇
		阿米巴成员考勤			◎					△		□	◇
	绩效考核	制订考核细则			◎						△	□	◇
		进行相应激励			◎						△	□	◇
文件编号	阿米巴巴长/拟定 签名										人事行政部/审核 签名		
版本和页数	日期										日期		
V1.0第×页共×页													

表16　销售巴（一级）权限表

符号说明：△ 拟定　□ 审核　◇ 批准　◎ 备案

工作事项			责权划分					
类别	项　目	责权限额	三级阿米巴长	二级阿米巴长	一级阿米巴长	人事行政部经理	财务总监	总经理
经营计划	月度、年度经营计划、预算			△	□		◎	◇
	制定公司的市场战略、目标、方针、政策			△	□		◎	◇
产品销售	制定营销、分销和渠道策略		△	□	◇			
	识别市场细分和目标客户		△	□	◇			
	开展销售预测		△	□	◇			
	产品定义报价和定位			△	□			
	产品定价设计和管理			△	□			
物流	物流政策制定			△				
	销售发货与物流		△	□	◇		◎	
业务核算	销售结构、毛利率等销售业务分析				△		◎	◇
	对于产品问题解决		△					
市场调研	发现新产品		△	□	◇			
	评估和改进已有产品/服务		△	□	◇			
文件编号		阿米巴巴长/拟定签名		人事行政部/审核签名				
版本和页数		日期		日期				
V1.0第×页共×页								

NO.58

如何进行阿米巴资源划分

阿米巴资源划分，即企业为确立竞争优势的要求，对各阿米巴组织的客户、人才、场地、设备和财物等进行确定和划分，其目的是形成战略所需要的经营结构。

1. 客户资源分配的原则和流程

客户资源的分配，主要看哪一种分配方式能够使客户资源得到合理利用，更有利于公司的整体利益。在具体的方式上，可采取动态分配，由公司统一设置游戏规则，一般可建立大客户部，业务需均衡。

具体流程如下，第一，让所有客户资源都进入虚拟的“客户池”，共享给阿米巴团队的成员，业务员可以初步联系跟进。第二，各业务员根据自己的判断选择部分客户进行保护，成功保护后，进入深度营销跟进。第三，如果营销成功，该客户将由该业务员独占，如果在一定时间内营销不成功，则自动又共享至“客户池”。

2. 人才划分的主要内容

人才的划分，一般有几方面的内容。第一，为各个战略岗位配备管理和技术人才，特别是对关键岗位的关键人物的选择。第二，为阿米巴经营实施建立人才储备，不断为阿米巴输送有效的人才。第三，在阿米巴实施的过程中，注意整个人才队伍的综合力量的搭配和权衡。第四，人才可以双向选择，即阿米巴巴长可以在公司内部抢人才，人才亦可选择阿米巴巴长。第五，人才需要接受再分配，建立优胜劣汰机制。第六，人才可流动，但薪水不变动。

3. 场所划分的方法

第一，规划阿米巴组织的工作区域（含各阿米巴的办公位置，人员的座位安排、仓库的规划等），并做出规划图。第二，场所划分原则是优先按照流程进行划分，也可根据现有做设备划分场所。第三，厂房和办公室具有不同的物业价格。

4. 设备划分的依据和要求

阿米巴应合理地配置设备，根据阿米巴的生产任务、工艺特点和要求来配置各类型的设备，使设备在性能上与生产互相协调，充分发挥它们的效能。设备划分的原则是：第一，归档建账，将设备列入阿米巴的固定资产。第二，盘点设备，设备等固定资产依各阿米巴实际所需，划分于各阿米巴组织，由各阿米巴承担折旧及摊销。第三，设备划分时，优先将设备留在原来的部门。第四，根据阿米巴的生产任务、要求，将设备重新再分配。

5. 财物划分的要求和原则

阿米巴需要将财物资源进行划分、控制，以便有效地组织和协调阿米巴的生产经营活动，把公司发展战略、阿米巴经营计划同日常业务活动有机地结合起来，保证实现公司发展战略的目标。

财物划分原则为：第一，原材料、半成品、产成品依实存量并拨归各阿米巴组织，由各阿米巴使用并承担资金占用费。

第二，公司现有的应收、应付账款、预收、预付账款按历史经办原则分配给各阿米巴组织，各阿米巴承担相应的费用。

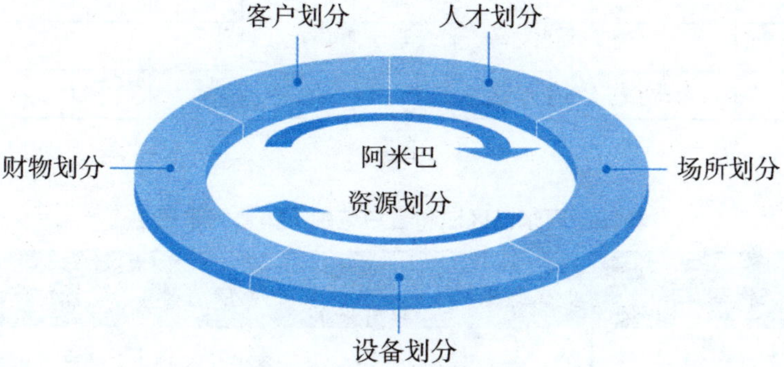

图68　阿米巴资源的划分

表17　阿米巴区域范围及产品系列（生产阿米巴）

序	级别	代码	阿米巴名称	区域范围面积（平方米）			设备器具（个数）		生产线条数	主要生产产品	
				办公室	车间	仓库	大型设备	辅助设备		系列	品种
1	一级										
2	二级										
5	三级										
	总计										

表18　设备明细表

工序	设备名称	数量	型号	购入时间	购入价	折旧残值	所属阿米巴（代码甲乙）	所属阿米巴

表19　阿米巴区域和客户范围（销售阿米巴）

序	级别	代码	阿米巴名称	业务范围	区域范围面积（平方米）		客户情况		销售产品	
					办公室	仓库	客户数量	客户名单	主要产品系列	主要产品种类
1	一级									
4	二级									
5	三级									
总计										

第八章 阿米巴经营会计与核算

CHAPTER 8

稻盛和夫的“会计七原则”

一、以现金为基础经营

二、一一对应的原则

三、收入费用配比原则（或者称为“筋肉坚实”原则）

四、完美主义原则

五、双重确认的原则

六、提高效益的原则

七、玻璃般透明的经营原则

NO. 59

经营会计与财务会计有什么区别

经营会计在提升经营水平方面具有非常强的针对性。经营会计成熟于日本，它是直接以“企业效率、收益性及成长性”为目的，并据此追求财务的安全、稳定性而创造的一门经营系统量化决策的工具，拥有一套更精准、有效的“企业数据获取系统”及分析原理。

经营会计是一门直接以促进经营提升为目的的会计系统。它的出现解决了“企业家如何一目了然地掌握经营实际”“如何通过量化的数据来贯彻经营者意志”的世界性难题。

推行经营会计的优势，主要体现在：

第一，可视化经营——让老板更清晰地了解企业经营状况（经营会计）。

第二，用数据决策——老板利用经营会计精确、精准地为企业经营做决策。

第三，创造高收益——销售额最大化、经费最小化、利润不断扩大。

经营会计与财务会计有很大的区别，主要体现在如下几点：

1. 作用不同

财务会计报表仅报告财务状况和经营业绩，一般服务和提供财务数据对象是股东或最高经营者。而阿米巴经营会计则让各级阿米巴巴长掌握经营状况并及时调整对策。

2．管理目标不同

传统财务会计以标准成本或者标准利润作为管理目标，都是参照过去的实绩，以略高的标准设定目标。而阿米巴经营会计以销售净额或者附加价值作为管理目标，而不是成本和利润，作为一个独立经营体，阿米巴要用最小的费用创造最大的销售额或者附加价值，不断创新挑战自己。

3．报表周期不同

财务会计报表一般是事后计算：传统财务会计一般以月度、季度或年度为周期。而阿米巴经营报表是即时反映经营状况。阿米巴经营会计报表需要及时做出来，一般做到月报，最好能做到周报。经营会计以天、周、月、年为周期，对短期内的经营状况数据进行统计分析，为经营者提供经营决策依据。

4．达成标准不同

传统财务会计数据指标达到预设标准即可，不需要担负任何责任。而阿米巴经营会计数据没有最好，只有更好，不断钻研创新、精益求精，必须对最终经营结果负责。

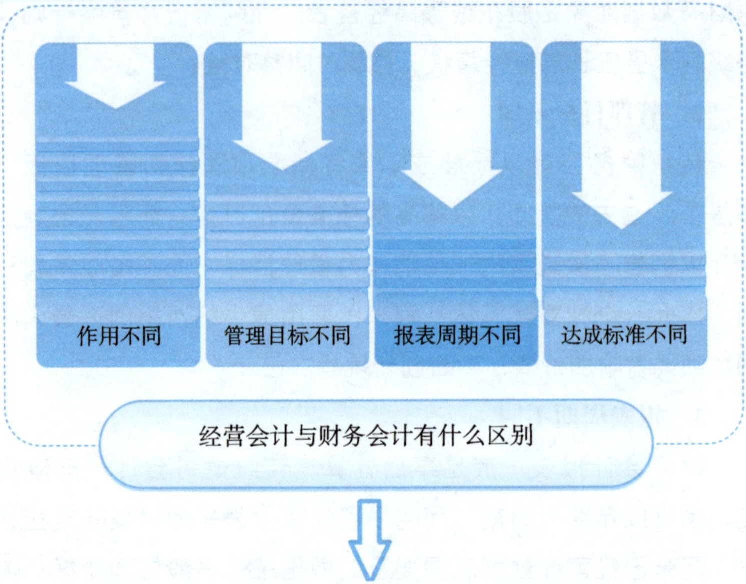

比较要素	经营会计	财务会计
构建理念	经营者意志	国家意志
应用对象	经营管理者	外部利益相关者
数据来源	原始经营数据	原始经营数据
会计效果	针对性强	通用性强
报表设计	企业个人化会计制度	国际强制性企业会计准则
报表周期	日、周、月等各类分析报表	月、年
达成标准	对最终经营结果负责	达到预设标准即可，不需要担负任何责任

图69　经营会计与财务会计的区别

NO. 60

经营会计科目如何设置和分类

与本阿米巴经营活动有关的人员、经费、设备、场所、利息、税金等都应该包含在阿米巴的总成本中——因为阿米巴巴长就是老板。阿米巴经营会计也据此设置会计科目。

经营会计科目是向阿米巴巴长等提供会计信息的重要手段。经营会计科目的设置可以把各项会计要素的增减变化分门别类地归集起来，使之一目了然，以便为阿米巴提供一系列具体分类核算指标。经营会计科目为成本核算及财产清查提供了前提条件，也为编制阿米巴经营会计报表提供了方便。

为明确会计科目之间的相互关系，充分理解会计科目的性质和作用，进而更加科学规范地设置会计科目，以便更好地进行核算和监督，有必要对经营会计科目按一定的标准进行分类。

1. 经营会计科目设置需要全面明晰

经营会计科目作为对会计要素具体内容进行分类核算，科目的设置应能保证对各会计要素做全面的反映，形成一个完整的体系。也要求简单明确、字义相符、通俗易懂。同时，阿米巴对每个会计科目所反映的经营内容也必须做到界限明确，既要避免不同会计科目所反映的内容重叠的现象，也要防止全部会计科目未能涵盖某些经营内容的现象。

2．按其归属的会计要素分类，清晰反映阿米巴的财务状况和经营成果

（1）资产类科目：分为反映流动资产的科目和反映非流动资产的科目。

（2）负债类科目：分为反映流动负债的科目和反映长期负债的科目。

（3）所有者权益类科目：可分为反映资本的科目和反映留存收益的科目。

（4）成本类科目：包括生产成本、劳务成本、制造费用等科目。

（5）损益类科目：分为收入性科目和费用支出性科目。收入性科目包括主营业务收入、其他业务收入、投资收益、营业外收入等科目。费用支出性科目包括主营业务成本、其他业务成本、其他业务支出、销售费用、管理费用、财务费用等科目。

3．按其核算信息详略程度分类

经营会计科目可按照其核算信息的详略程度进行级次划分，可分为总分类科目和明细科目分类。

总分类科目又称一级科目，是对会计要素具体内容所做的总括分类，它提供总括性的核算指标，如固定资产、原材料、应收账款、应付账款等。

明细分类科目又称二级科目，是对总分类科目所含内容所做的更为详细的分类，它能提供更为详细、具体的核算指标，如应收账款总分类科目下按照具体单位名称分设的明细科目，具体反映应向该阿米巴收取的货款金额。

如果有必要，还可以在二级科目下分设三级科目、四级科目等进行会计核算，每往下设置一级都是对上一级科目的进一步分类。

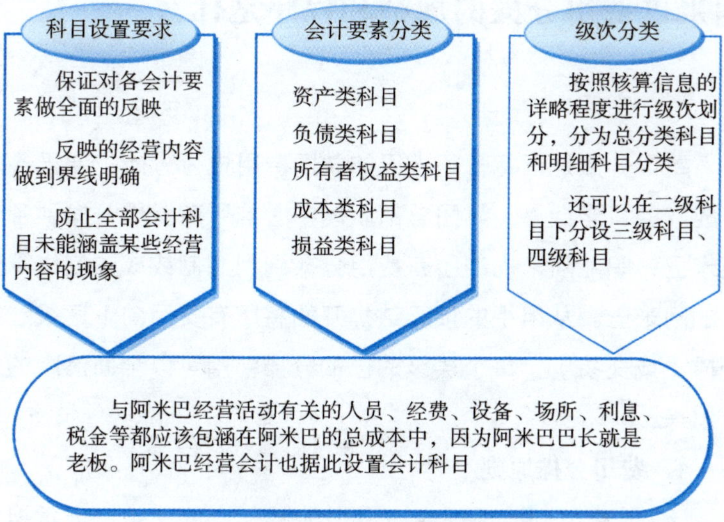

图70　经营会计科目设置和分类

NO. 61

阿米巴费用分摊的规则和程序是什么

费用分摊是指将各阿米巴的共同费用进行分摊，便于各生产成本的科学计算。集团总部职能中心的所有费用分摊到各个阿米巴，职能阿米巴的所有费用分摊到利润制或成本制核算形态的阿米巴。从组织的顶级结构开始将所有费用向下逐级进行分摊（或交易），每个层级的巴的分摊费用可以全面清晰的统计出来。

1. 费用分摊原则

（1）费用分摊规则中应遵循的原则：谁受益，谁承担，尽可能公平、公正。受益对象为多个阿米巴，在受益阿米巴之间分摊费用。不能明确具体受益阿米巴，但与阿米巴业务相关的公共性费用在全部阿米巴分摊。

（2）费用分摊与持续的成本降低。费用分摊应当能够促进阿米巴内部形成持续的成本降低机制。

（3）费用分摊应当能促进阿米巴内部的合作。

（4）分摊后各级费用总和与分摊前总和一致，即无论怎么分，分总和相等。

2. 费用分摊规则分类说明

（1）按人员进行费用分摊。根据各阿米巴单元的人数，对相关的费用预算进行相应比例的分摊。按人员分的单位有：

人资中心、财务中心、副总裁办、总裁办等。

（2）按营业额或产能分摊。根据各业务部门所负责的业绩数据，统计相应的比例系数，将部分公共费用进行分摊。按营业额分摊的有：市场中心、战略采购、运输费、研发项目管理中心、标准化研究中心。

（3）按资源比例分摊。即按各阿米巴单元所占用资源的多少，形成相应的比例和系数进行费用分摊。按资源配置分摊的有：工程中心、质量中心、IT部门。

3. 费用分摊的基本程序

（1）确定需要分摊的阿米巴。

（2）归集共同费用。

（3）选择分摊的标准。

（4）将共同费用分摊到阿米巴中去。

（5）归集——分摊——再归集——再分摊，直到最终成本计算出来。

费用分摊可能存在一个最佳标准。有一些共同费用的分摊标准比较明确，如水电费按实际耗用量分摊；但是，更多的共同费用没有明确的分摊标准，因为共同往往就意味着没有标准，如品牌广告费用在不同的阿米巴之间分摊，到底是按销量分摊更科学，还是按价格或市场份额进行分摊更科学？

不同标准可能会有不同的后果。如按人员为标准可能会促使某些阿米巴尽量少雇佣人员，此外，还可以按实际耗用量为标准、按比例为标准、按协商标准等。因此，没有绝对完美的分摊标准 。

费用分摊原则

遵循的原则：谁收益，谁承担，尽可能公平公正

费用分摊与持续的成本降低

费用分摊应当能促进阿米巴内部的合作

分摊后各级费用总和与分摊前总和一致

分类说明

按人员进行费用分摊

按营业额或产能分摊

按资源比例分摊

基本程序

确定需要分摊的阿米巴

归集共同费用

选择分摊标准

将共同费用分摊到阿米巴中去

归集—分摊—再归集—再分摊，直到最终成本计算出来

图71　阿米巴费用分摊的规则和程序

表20　分摊层级划分

费用层级	集团/公司/部门名称	需进行人员和费用分摊的部门	承担费用的直接下属公司/部门	与承担费用的直接下属公司/部门直接相关巴
1				
2				
3				

表21 费用分摊规则表

费用发生部门	费用项目	公司	销售部（销售一级阿米巴）	工厂（工厂一级阿米巴）

表22 人力成本分摊表

费用发生部门	费用项目	公司	销售部（销售一级阿米巴）	销售部（销售二级阿米巴）	工厂	三厂（工厂一级阿米巴）

NO. 62

为什么导入“单位时间核算制度”

导入阿米巴经营模式，阿米巴领导者必须能够计算收支。但是，并不是所有的领导者都拥有会计的相关知识。于是，稻盛和夫提出了一个“即使没有特殊的知识，也能够看懂核算结果的机制”，这就是单位核算制度。阿米巴导入“单位时间核算制度”的原因，主要有：

1. 即使没有专业知识也能把握资金流向

单位核算制度是阿米巴计算出“每小时产生了多少附加价值”的独有计算方法，它作为衡量经营状况的重要指标纳入阿米巴经营体系。简单地说，就是以“从销售额中排除所有经费后剩下的金额（即附加价值）”除以“总劳动时间”后得到的结果为经营指标。而这个指标就叫作“单位时间效益”。

单位时间核算制度通过引入“时间”概念，使每一位阿米巴员工都能意识到时间的宝贵，努力提高工作生产率。这不仅能够提高本阿米巴的核算，还能提高公司整体的生产率，进而进一步增强市场竞争力。

2. 以“销售额最大化，经费最小化”为经营原则

“销售额最大化、经费最小化”这一原则是单位时间核算的基础，单位时间核算制度也是用“附加价值”的尺度来衡量事业成果的标准。从下列公式可以看出，提高单位时间产值可以采取①提高生产总值、②控制经费、③提高工作效率，减少劳动时间这三种做法。导入了“单位时间核算制度”之后，可以用公平的标准来评价各个部门的经营状况，而且还可以让所有人理解如何才能提高核算（单位时间附加价值）。

通过确立以“单位时间核算”这一明确的指标为基础的阿米巴经营，每一位员工可以掌握本部门的目标，并为实现这一目标而在各自的岗位上努力工作。

$$\text{单位时间附加价值}=\frac{\text{①生产总值（总收益）}-\text{②扣除金额（除劳务费之外的各项经费合计）}}{\text{③总时间}}$$

3．及时把握部门核算，瞬间把握经营状况

单位时间核算不是在月末统计当月的订单、生产、销售、经费、时间等重要的经营信息，而是每天进行统计，并迅速地将结果反馈给现场。

每个阿米巴在月初的时候都会对单位时间核算表的所有管理项目制订计划数据，只有掌握了每天的业绩数据，才能时刻把握计划的进展情况。

通过每天检查每个阿米巴的核算情况，就可以迅速地做出经营判断，并可以保证计划如期完成。

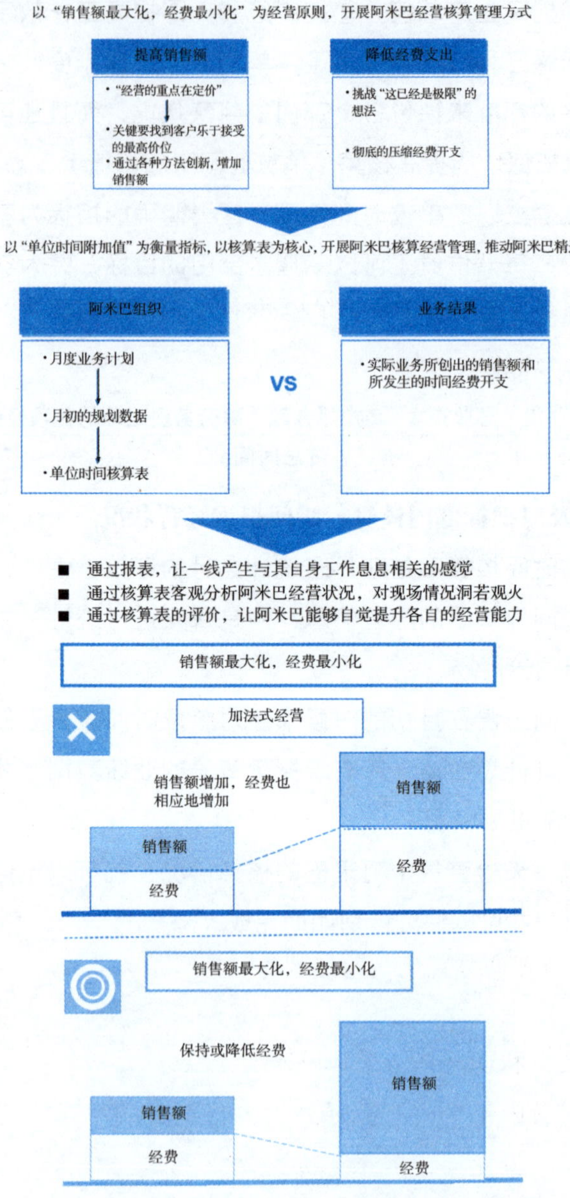

图72 阿米巴导入"单位时间核算制度"的原因

NO.63

为什么需要进行内部定价

定价系统是阿米巴会计中的核心。有了内部交易定价方能实行内部交易，首先确定生产阿米巴交易给销售巴的内部定价；其次确定生产各工序间的交易定价。

1. 阿米巴为什么要进行内部定价

阿米巴多元化和一体化战略赋予了内部价格在企业管理中的重要地位，阿米巴组织结构则将内部价格提升为企业内部跨部门生产活动的协调机制——内部价格机制。

阿米巴之间的中间产品转移数量增加，对转移产品定价成为企业管理的重要内容。在阿米巴内部，工序上的相邻关系使阿米巴之间产生中间产品或半成品上的需求与供给关系，上游阿米巴生产的中间产品或半成品既向外部市场出售，又作为投入要素转移给下游阿米巴继续加工。

阿米巴组织结构的出现使内部价格的功能产生了质的飞跃，原因如下：

第一，阿米巴组织独立核算，具有生产决策的自主权。

第二，企业将利润中心下放到阿米巴，阿米巴对各自的盈利负责，利润成为评价阿米巴绩效并据以奖惩的基础，阿米巴承担着内部中间产品转移而可能引致的亏损风险。为了增加利润减少亏损，阿米巴必须发挥主动性和创新能力，按照内部价格来安排内部转移及其相关的生产经营活动。可见，在阿米巴组织架构完成之后，内部价格发育出生产协调和资源配置的功能。

2. 内部定价机制需要两个前提条件

合理的内部定价格对完善企业内部市场激励机制、优化资源配置、实现企业利益最大化有重要的助推作用。内部定价机制至少需要两个前提条件：

第一，交易主体具有自主权。

第二，交易主体承担交易风险。

3. 内部定价在阿米巴经营中的重要性

第一，价格由阿米巴经营者决定，并且想方设法降低制造成本。定价是阿米巴领导的职责。内部定价即意味着对降低采购成本及生产成本负责。为此，阿米巴在满足质量、规格等一切客户要求的前提下，阿米巴经营者必须考虑降低制造成本。只有对降低成本心中有数，才能正确定价。

第二，让阿米巴领导者应对市场变化，及时调整经营战略。定价决定企业的市场战略。阿米巴领导者需要从“创造附加价值的产品”这样的战略定位去思考问题，在定价的时候也不要带有个人偏见，而是能够及时跟进市场的变化，调整本阿米巴的生产、经营策略。

阿米巴内部价格机制

阿米巴组织架构完成之后，内部价格发育出生产协调和资源配置的功能

阿米巴之间的中间产品转移数量增加，对转移产品定价成为企业管理的重要内容

内部定价机制需要两个前提条件

交易主体具有自主权

交易主体承担交易风险

内部定价在阿米巴经营中的重要性

价格由阿米巴经营者决定，并且想方设法降低制造成本

让阿米巴领导者应对市场变化，及时调整经营战略。定价决定企业的市场战略

图73　企业内部交易定价

NO. 64

如何正确理解“定价即经营”

稻盛和夫说：“定价即经营！”内部定价对于经营具有重要的意义。给产品或服务定价，有各种考量因素。定价有很多种选择，它也体现了经营者的经营思想。

1. 定价即经营，它是决定经营成败的关键

销售额是收益的源泉，要把销售额最大化，关键是定价。定价合适，阿米巴就能够创造高收益。定价失误，阿米巴将面临很大的损失。因此，阿米巴领导者必须在正确估算出自己公司产品价值的基础上，找到使销售量与利润幅度的乘积达到最大的那一个点，并据此定价。

2. 瞄准客户可以接受的最高价格

获得利润最重要的就是定价。利润会根据定价的不同而发生巨大改变，定价必须谋求“销量与纯利润乘积的最大值”。

由于定价对经营有很大的影响，稻盛和夫主张定价“最终应由经营者下决断”。作为阿米巴的经营者，应该将价格定在“再高，顾客就不会购买”的临界点上。而究竟选择哪个价位？这是由领导者的思想、哲学和思维决定的。

3. 以客户愿意花钱购买的最高价，卖出更多的量

客户一般会向销售部门询问降价的可能性。然而，如果轻易就予以降价作为回应，就会导致纯利润不足。如果只是降价的话，就不需要业务员了。

看透“顾客可以接受的最高价”，并以此价格销售，才是稻盛和夫所认可的真正的业务员。在稻盛和夫看来，业务员应该是“以客户认可的最高价，卖出更多量的人”。

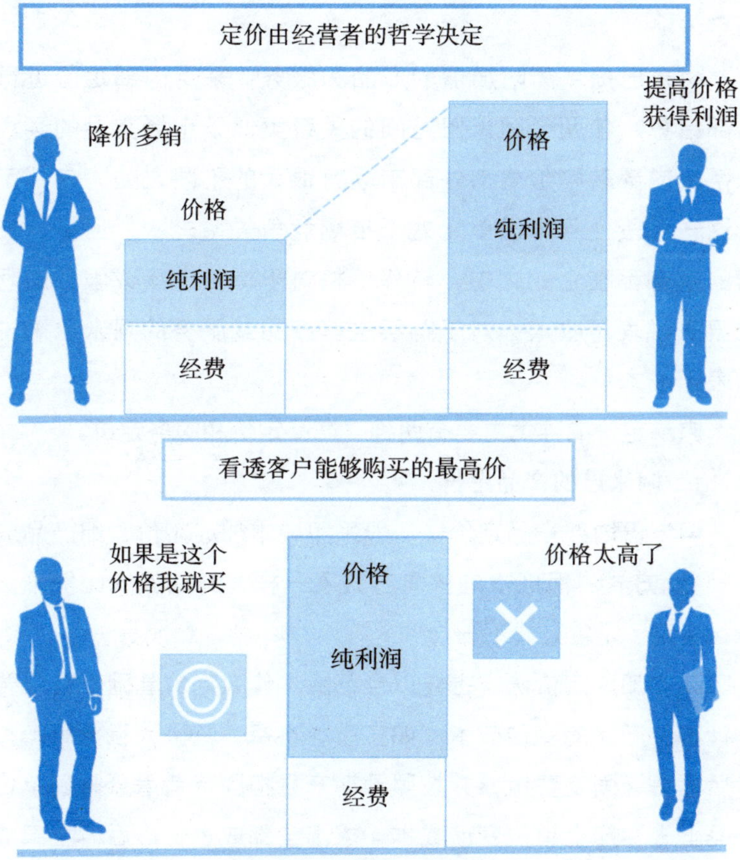

图74　正确定价的重要性

NO. 65

内部定价的种类有哪些

阿米巴提供高附加值的产品和服务，采用内部定价进行内部结算，使两个阿米巴之间的关系类似于市场交易的买卖关系。内部转移价格与外部市场有很大的不同之处。内部定价这一手段使阿米巴单元处于市场竞争关系之中，但是，交易的双方都在企业之中。转移价格对于提供产品或服务的阿米巴来说表示收入，对于购买这些产品或服务的阿米巴来说则表示成本。

内部定价的种类主要有两种：产品定价和服务定价。

1. 阿米巴的产品定价

阿米巴内部产品定价，一般采用成本加成定价，即产品成本+利润方式。而成本的核算方式不一样，利润加成比例不一样，决定了定价方式不一样。

成本加成定价法，主要以全部成本作为定价基础，首先要估计单位产品的变动成本（如直接材料费，直接人工费等）；然后再估计固定费用，并按照预期产量把固定费用分摊到单位产品上去，加上单位变动成本，求出全部成本；最后再全部成本上加上按目标利润率计算的利润额，即得出产品价格。

阿米巴组织采用这种方法进行内部产品定价，其优点是：计算方法简便易行，相关资料容易取得。根据产品成本+利润方式定价，能够保证阿米巴所耗费的全部成本得到补偿，并在正常情况下能获得一定的利润。

2. 阿米巴的产品定价规则

（1）销售定价。

销售的产品定价以目前公司对外销售定价为准。销售的一级、二级、三级阿米巴统一按此标准执行。

（2）工厂定价。

①工厂产品定价准则：成本定价。

②工厂产品定价原理：单价=采购价+本巴单品加工价；本巴单品加工价=单品总费用÷单品数量；总费用=料+工+费+分摊费用。

③计算方法：计算单品的总费用。按“费用分摊规则”的要求将所有费用分到生产三级阿米巴得出三级阿米巴的总费用。

根据总费用公式，总费用项中能对应到单品中的料、工、费进行一一对应；不能对应的部分，物料（包括原辅料、包材）按品种标准配方投料点金额和投料数量进行分摊；三级阿米巴内总费用不能对应部分工、费和分摊按每个单品在阿米巴内总工时所占比例进行分摊；单品数量以交给下一个阿米巴合格产品数量为准，单位以交易的最小单位为准。

计算本阿米巴单品加工价=单品总费用÷单品数量

计算单品交易价：单价=采购价+本阿米巴单品加工价

（3）操作步骤。

①工厂分品种分工序工时统计，根据统计数据分析各品种工时在各阿米巴总工时的占比。

②将统计汇总的阿米巴总费用一一对应和分摊到各品种，得出各品种总费用即单品总费用。

③用单品总费用除以统计汇总的对应单品的数量即可得出本阿米巴单品加工费。

④将本阿米巴单品加工费加上单品采购费用即可确定本阿米巴单品的交易价格。

（4）形成定价表。

按以上规则进行数据统计和计算，最终形成“交易价格目录表”。

（5）需收集的原始数据。

需完成的原始数据收集的工作内容和负责部门、相关表格；数量和工时统计表；物料投放点和数量统计表。

3. 阿米巴的服务定价

阿米巴服务的交易也有一个定价。例如人力资源部帮助阿米巴招聘员工，就需要进行招聘服务的定价。影响阿米巴服务定价的因素主要有成本和需求。

服务定价的种类包括单项服务和常年服务。单项服务即阿米巴提供的各种按单项计价的可供选择的服务，比如人员招聘、绩效管理、合同管理、财税管理等事项。常年服务以一年为一个周期，以年为一个服务周期。

通过服务定价，将促使从事管理服务的阿米巴由原来传统的“野蛮发展”转变为“质量发展”，在现场管理和服务细节深耕细作，真正做到“答案永远在现场”，从服务精到化、专业精深化、经营精细化，实现管理服务的转型升级。

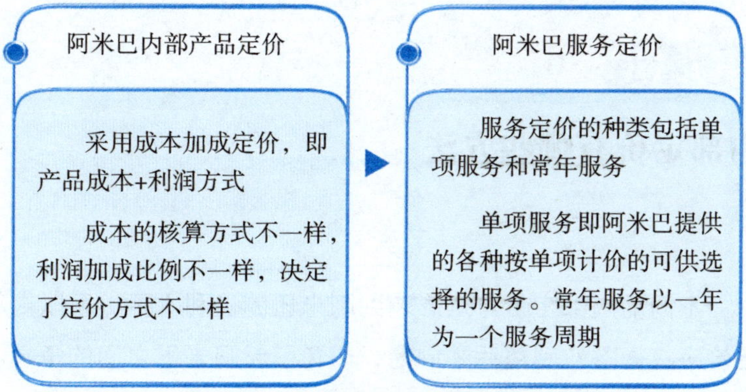

图75　阿米巴内部定价的种类

NO. 66

内部定价有哪些方法

不同的内部定价方法影响到阿米巴的盈利水平，所以内部定价应权衡各方利益后才制定，以免引起阿米巴之间的争端。理想的内部定价策略既能保证企业整体利益的最大，又能激励各阿米巴的生产积极性，激发企业活力。

阿米巴之间有交易关系，则一般有四种不同的价格转移形式，具体采取哪种方式可根据阿米巴的实际情况制定和不断调整。

1. 成本推算法

成本推算法是指以成本为基础，按照每道工序的成本多少来推算交易价格。其优点是简便易行，责任清楚，不会把供应单位的浪费或无效劳动转给耗用单位负担，有利于调动双方降低成本的积极性。

成本推算法包括完全成本法、成本加成法、变动成本加固定费用等方法。

第一，标准成本法是以各中间产品标准成本作为内部转移价格。这种方法可以将管理和核算工作结合起来，能明确供需双方的责任，有利于阿米巴的管理和考核。

第二，标准成本加成法是在标准成本的基础上，加上一定利润作为内部转移价格的方法。其优点是便于分清双方责任，且能调动供应部门的积极性。

第三，变动成本法以变动成本作为内部转移价格的一种方法。变动成本法可以明确成本与产量的依存关系，便于考核各阿米巴的工作业绩，有利于各阿米巴调控可控的成本。

2. 利润逆算法

利润逆算法是指依据阿米巴能够接受的最终销售价格，考虑本阿米巴的成本及正常利润后，逆向推算出产品的内部转移价格。

3. 市场参照法

市场参照法是指以市价为基础制定内部转移价格。在完全竞争的市场条件下，阿米巴之间的交易价按照市场价格进行。

4. 开价砍价法

开价砍价法是指参考第三方企业之间发生类似交易时的价格，共同协商确定一个双方都愿意接受的价格作为内部转移价格。

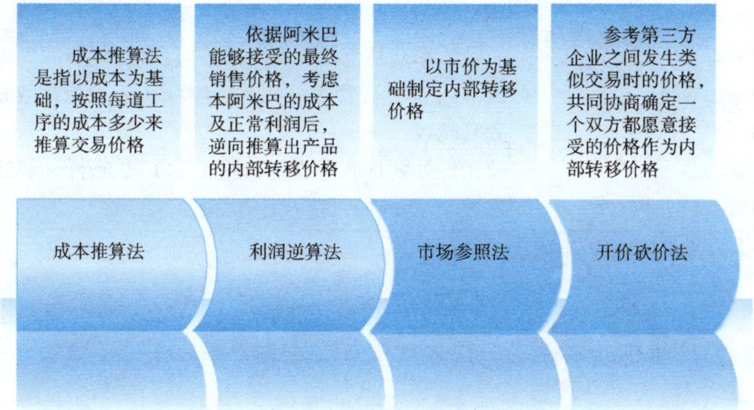

图76　阿米巴内部定价方法

表23　交易定价表

交易方	出售方		购买方
	仓储物流阿米巴		营销阿米巴
交易编码	WY02	交易媒介	装卸服务
交易频率	每天	定价方法	佣金计提法
定价步骤	确定佣金核算基数	用实际装卸吨数作为佣金核算基数	
	确定装车单价、卸车单价、套管单价	装车单价A（元/吨）=（上年度装车耗费的人力成本+上年度装车费用）÷上年度产成品装车吨数 卸车单价（元/吨）=（上年度卸车耗费的人力成本+上年度卸车费用）÷上年度产成品卸车吨数 套管单价（元/吨）=上年度套管耗费的人力成本+上年度套管费用）÷上年度产成品套管吨数 （注：装卸车费用含叉车维修保养费、油费、折旧费）	
	确定内部交易价格	内部装车交易价格（元）=A×装车吨数	
		内部卸车交易价格（元）=上年度卸车耗费的人力成本+上年度卸车费用）÷上年度产成品卸车吨数×卸车吨数	
		套管装车交易价格（元）=上年度套管耗费的人力成本+上年度套管费用）÷上年度产成品套管吨数×套管吨数	
		营销巴外购件装卸交易价格（元）=2元/件×装卸件数	

注：此单价协商确定

NO. 67

如何构建阿米巴的交易规则

阿米巴之间实现了由“交付”到“交易”，但交易需要自律和约束！阿米巴之间的交易需要遵守一系列交易规则，只有这样才能维护好内部市场的交易秩序，提高内部互动效率，降低交易成本，提升企业整理竞争力。

构建阿米巴交易规则是阿米巴走向成熟的第一步，也是导入阿米巴经营模式必须要做的工作。

1. 阿米巴的产品交易规则

阿米巴之间一定要界定清楚交易规则，否则很难形成真正的交易。

产品交易规则主要有：品名、数量、单价表明清楚；日期、验收标准需要确定；损失界定、赔偿界定；产品交易结算程序。交易双方必须建立健全的业务台账及往来明细账，定期进行账务核对等。

2. 阿米巴的服务交易规则

专业化服务机构承担起为企业集团本部和各阿米巴提供专业化服务的重任。不规范的内部交易会导致内部交易成本较高，内耗增加，容易引发阿米巴之间工作中的争议和矛盾。因此，阿米巴需要构建服务交易规则。

构建阿米巴的服务交易规则，体现在：

（1）明确服务协议和项目建设合同架构。

（2）以客户满意度为导向，形成后台共享和各个阿米巴现场支持的服务组织结构。

（3）详细明确各项服务的工作内容、考核指标、人力投入和费用构成。

（4）由内部客户（阿米巴）为主编制服务需求说明书，明确所需服务的具体范围、内容和要求。

（5）核定服务有偿定价原则，界定知识成果的内部使用原则；服务人员管理原则。

（6）服务质量、效率和成本控制。

（7）建立和完善服务协议执行报告制度、明确协议管理要求等。

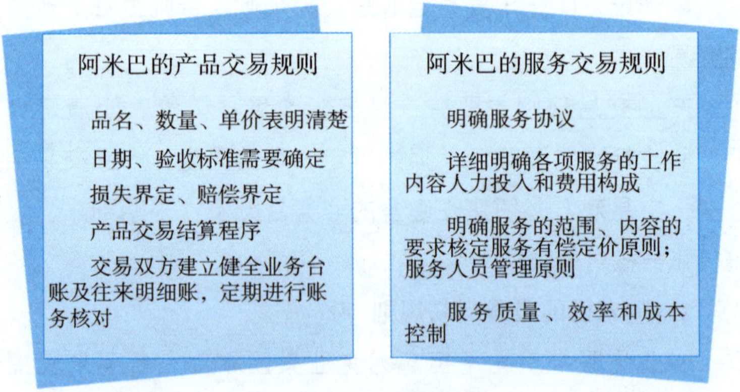

图77　构建阿米巴的交易规则

表24　定价与交易规则表

<table>
<tr><th rowspan="2">交易方</th><th colspan="2">出售方</th><th>购买方</th></tr>
<tr><th colspan="2">营销服务巴</th><th>营销巴</th></tr>
<tr><td>交易编码</td><td>FY01</td><td>交易媒介</td><td>订单跟进服务</td></tr>
<tr><td>交易频率</td><td>每天</td><td>定价方法</td><td>服务定价法</td></tr>
<tr><td rowspan="4">定价步骤</td><td>确定服务费核算基数</td><td colspan="2">以本年度目标销售额作为服务费核算基数</td></tr>
<tr><td>确定提取系数</td><td colspan="2">提取比例系数=（本年度订单跟进人员的人力成本预算+本年度订单服务费用预算）÷本年度目标销售额</td></tr>
<tr><td>确定内部交易价格</td><td colspan="2">每项订单内部交易价格=该项订单销售额×提取比例系数</td></tr>
<tr><td colspan="3">提取比例系数为0.03%
每项订单内部交易价格=该项订单销售额×0.03%</td></tr>
<tr><td>补充说明</td><td colspan="3">暂无</td></tr>
<tr><td rowspan="9">交易规则</td><td colspan="3">交易标准</td></tr>
<tr><td>交易的时间要求</td><td colspan="2">接到销售订单2小时内完成采购订单和生产订单的传递</td></tr>
<tr><td>交易的质量要求</td><td colspan="2">准确及时传递客户的时间需求、质量需求</td></tr>
<tr><td>交易的数量要求</td><td colspan="2">按订单数量要求</td></tr>
<tr><td>交易相关的文件和资料、表单等</td><td colspan="2">表单等：销售订单、采购订单、生产订单、发货单、出库单、出门条、承运物流单（仓储物流巴提供给营销服务巴）、出厂相关资料</td></tr>
<tr><td colspan="3">损失界定</td></tr>
<tr><td>造成损失的情况</td><td colspan="2">信息沟通有误造成发货延误或提早（生产延误原因除外）</td></tr>
<tr><td>损失的责任归属</td><td colspan="2">信息传递有误方承担责任</td></tr>
<tr><td>损失的赔偿标准</td><td colspan="2">营销服务巴信息传递有误处罚金100元/单</td></tr>
</table>

NO. 68

阿米巴如何引入竞争机制

内部交易的本质是为了将外部市场的压力传递到企业内部，让企业所有阿米巴员工共同协作来抵抗市场压力，而不仅仅是由公司高层领导来承担。

市场机制以及各阿米巴之间的横向比较有利于形成良性竞争机制，可以促使阿米巴改进技术、改善经营管理，提高劳动生产率。可以根据市场需求组织和安排生产，使生产与需求相适应，使阿米巴更具有竞争力和盈利能力。

引入竞争，主要有内部竞争和外部竞争。

1. 内部竞争机制：标志是优胜劣汰

内部竞争机制充分发挥作用和展开的标志是优胜劣汰。内部竞争机制是提高生产效率和质量的有效手段。各阿米巴之间要相互竞争，考核指标不仅要盈利，而且要相互比较资源的综合投入产出率。亏损阿米巴或者被关闭，或者被其他阿米巴兼并。具体操作如下：

第一，经常参考外部价格和服务模式，并要求对方去超越。

第二，在公司内部尽可能制造两个以上的供应方和销售方。

2. 外部竞争机制：提高服务水平和产品质量的最有效的动力

公平健康的竞争是提高服务水平和产品质量最有效的动

力。引入外部竞争的最终目标，就是让每一个阿米巴都能够不依赖另外一个阿米巴而生存。通过在可以实施竞争的业务领域引入竞争，形成多家公司竞争的局面。

（1）市场检验除目前正在承担某项目的单位之外，还必须有另外一个内部单位参与竞争。

（2）参与竞争的内部单位必须提供完整的成本信息，而不是简单的总成本。这样一来，内部单位的成本可以和外部竞争者的成本进行分类比较，进而确认需要改进的领域。

（3）阿米巴可以不买内部单位的产品或服务。

（4）阿米巴逐渐开放对外经营，每年都有所递增。

（5）阿米巴之间不必完全依赖，彼此都有独立的生产和销售渠道。

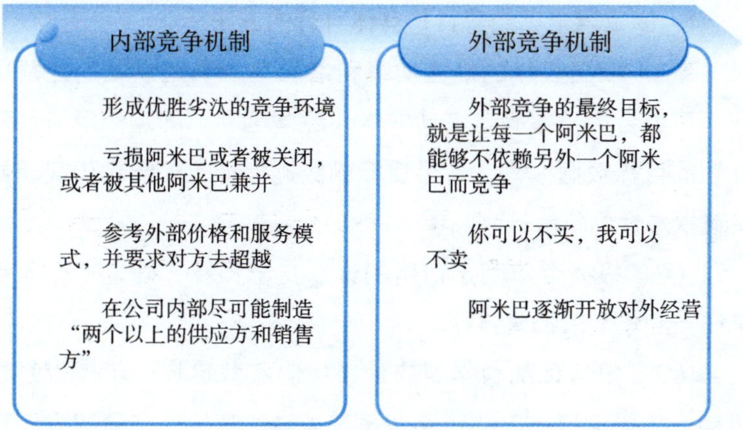

图78 阿米巴引入竞争机制

NO. 69

如何实现经营目标的落地

企业及阿米巴组织，总会有一个战略目标和年度经营目标。阿米巴经营目标反映了阿米巴的发展方向和奋斗目标，是阿米巴经营思想的具体化，并通过各种各样的方式植根于阿米巴成员的心目之中，使大家心领神会而形成默契。

企业战略规定了阿米巴的经营方针和目标。阿米巴经营目标由战略目标分解而来，一般以“年”为单位，是实现战略目标的一个步骤和阶段性目标。

1. 制定阿米巴经营目标具体可行的方法

（1）根据去年的销售实绩和增长率，确定今年的经营目标，再结合增长率确定变动成本、经营毛利、固定费用与经营计划的目标数据。确定各个目标的数据指标，才能真正实现具有可操作性的年度计划。

（2）根据今年固定费用的计划支出预算，确定年度盈亏平衡点和年度总销售目标。

（3）用具体的数字明确地表述出经营目标，不仅仅是销售额，还包括阿米巴的利润、员工人数等项目，都要建立明确的目标，并用数字具体地列在表格上。目标明确，目标就可与员工共有。

（4）分解年度经营目标，首先根据时间周期进行分解，再结合组织、客户、产品进行分解，由总至分，层层落实。

2. 经营目标的实现落地

（1）开源。包括新业务、新产品研发、新客户、新模式、应用客户群、订单份额、利润贡献优选等。

（2）成本优化。包括材料、人力资源、费用细分项的控制方法、良率、投入产出比、库存控制等。

透过开源和成本优化，可实现阿米巴经营目标的落地。

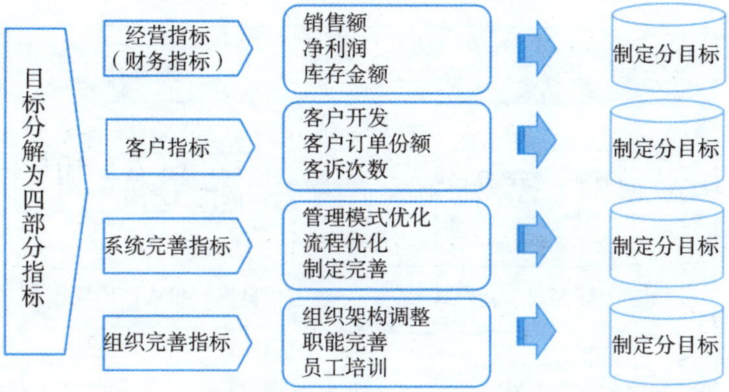

图79　制定经营目标：目标分解

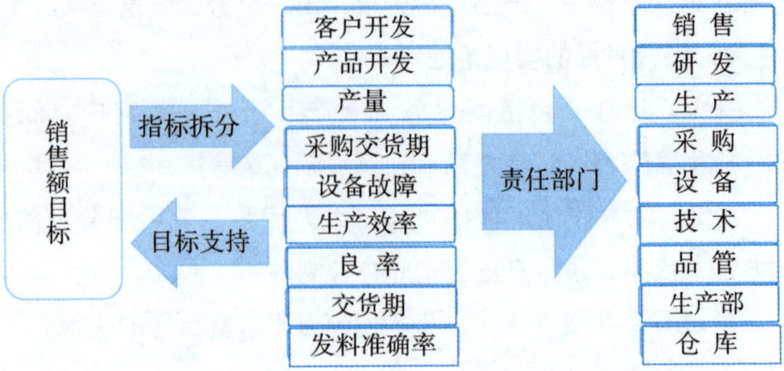

图80 制定经营目标：分目标的关联性

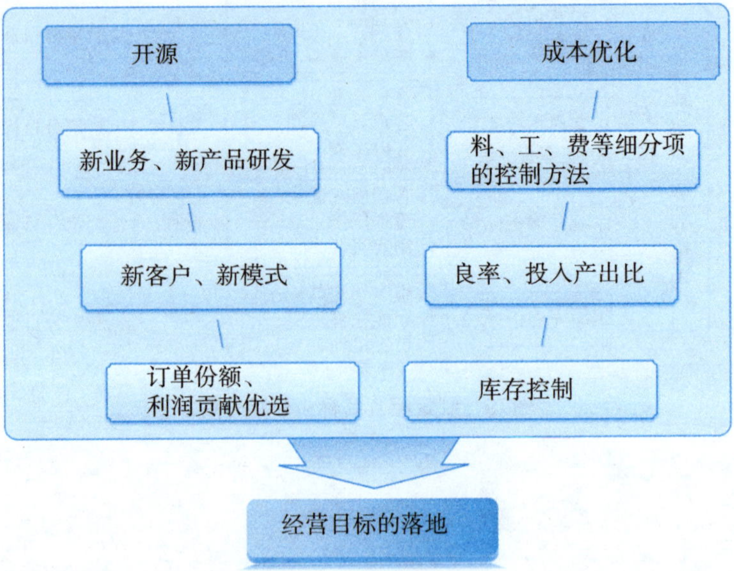

图81 经营目标的落地

NO. 70

如何制订年度经营计划

阿米巴有明确的经营计划，并在公司内部明示，员工努力的方向便会与阿米巴的方向相一致。阿米巴可以只制订年度经营计划，然后将年度计划细分，变为每一天的目标。员工通过每一天的努力，完成当天的任务，就能明确第二天的任务。日复一日，扎扎实实地完成每一天的目标，就能够完成年度经营计划。

1．年度经营计划是企业日常运营的核心

年度经营计划，是指企业为达到战略目标而制订的新年度一系列目标、计划及行动方案。年度经营计划是企业战略的实施和落实，是战略规划的具体实施，其目的是为了实现战略目标，最终实现企业的长远发展。

年度经营计划是围绕已确定的战略目标进行编制的，是战略规划的行动实施，是对企业战略规划中第一年目标的分解落实。年度经营计划是企业及阿米巴在本年度内的运营指南，年度经营计划是企业及阿米巴对企业进行日常监管和分析的依据，年度经营计划是对企业进行年度业绩考评的依据。

2．年度经营计划的核心内容

（1）公司发展远景、战略目标与经营方针。

（2）外部环境分析：行业特点、主要市场竞争对手、竞争态势、客户消费分析等。

（3）与上年度经营计划的比较和总结：上年度经营计划的实际执行情况、与上年度经营计划比较不同之处。

（4）公司年度经营目标：财务指标（销售收入、净利润、融资、投资）；关键因素（制度建设、运营改善）；年度经营计划实施整体思路。

（5）公司的行动方案：目标描述、实现途径、可能出现的困难和风险、解决措施、负责阿米巴。

（6）阿米巴年度计划（由相关阿米巴负责人完成）：营销、人力资源、办公室、财务及其他阿米巴。

（7）实现年度经营目标所需要的相关资源：拟发生的费用（财务费用、管理费用等）；集团公司的资源支持；其他资源的支持。

3. 如何制订年度经营计划

（1）制订年度经营计划。

年度开始之前，各阿米巴负责人制订年度经营计划，将愿望和具体化的实施方针、目标，以及实现对策传达，阿米巴领导制订年度经营计划。

（2）协商年度经营计划。

基于下一年度的市场预测、产品计划，包括销售额、产值、单位时间等目标，以及设备、人员的规划，以月度的具体数据来表明，以阿米巴为单位，统计各阿米巴经营计划数据。领导与阿米巴沟通协商，最终数据要让大家都能接受，从内心认同。

（3）年度经营计划是共同的目标。

阿米巴领导必须具备强烈的愿望和使命感，阿米巴领导通过反复向成员传达年度经营计划，真正使年度经营计划成为全体成员的共同目标。

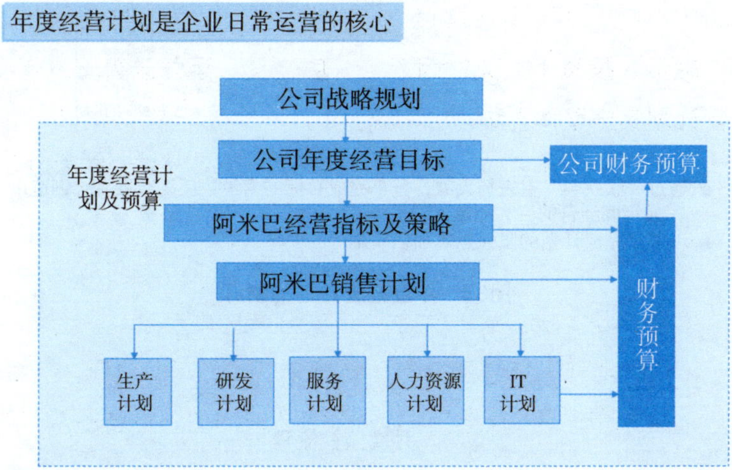

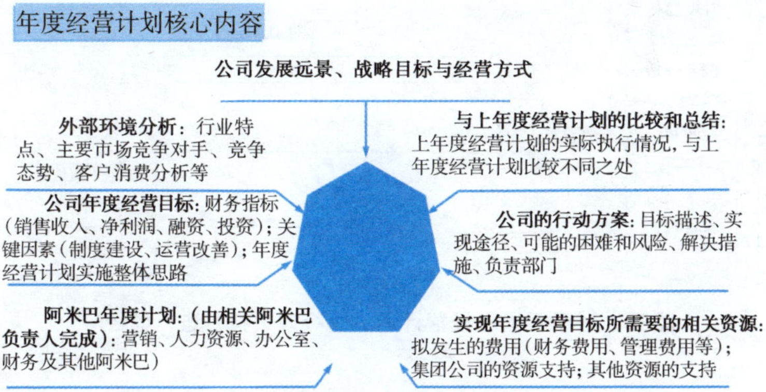

图82　年度经营计划的核心和内容

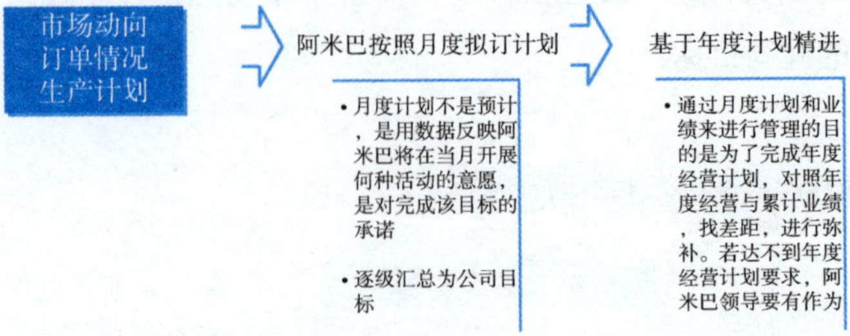

- 通过“联欢会”上表扬大家，分享完成目标的喜悦，反复开展后，创造出完成年度经营的巨大能量
- 以坚决完成计划的坚强意志加以实施

图83　年度经营计划的制订

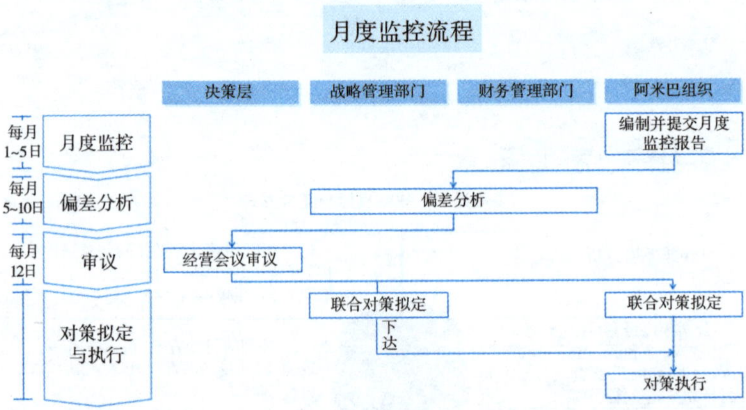

图84　对于阿米巴经营计划的执行效果按月进行监控

表25　年度收入与分解：业务计划表

序	业务项目	业务目标	完成时间	________年度目标分解												责任人	需要资源
				1月	2月	3月	4月	5月	6月	7月	8月	9月	10月	11月	12月		
1																	
2																	
3																	
4																	
5																	
合计																	

NO. 71

如何进行阿米巴经营的业绩管理

在开展阿米巴经营的过程中，需要有能够准确掌握实际业绩数据的统一机制和管理方法，这就要求进行有效的业绩管理。

1. 将部门职能的活动结果，准确地反映在核算表中

对于所有业绩数据必须有明确统计的规则和机制，以分清阿米巴的哪项业务发生了多少费用，应该发生多少费用。

2. 公平、公正及简约的管理

缺乏公平、公正，阿米巴经营就无法贯彻，同时，内部规则必须简约。

3. 用“业绩”和“余额”掌握业务流程

阿米巴经营把业绩数据与余额作为经营数据，统一进行管理。

4. 阿米巴经营核算的原动力——年度经营计划

基于公司的整体方针和各阿米巴的方针与目标，经反复周密模拟后制定，充分显示领导“希望在这一年中展开何种经营”的表态。

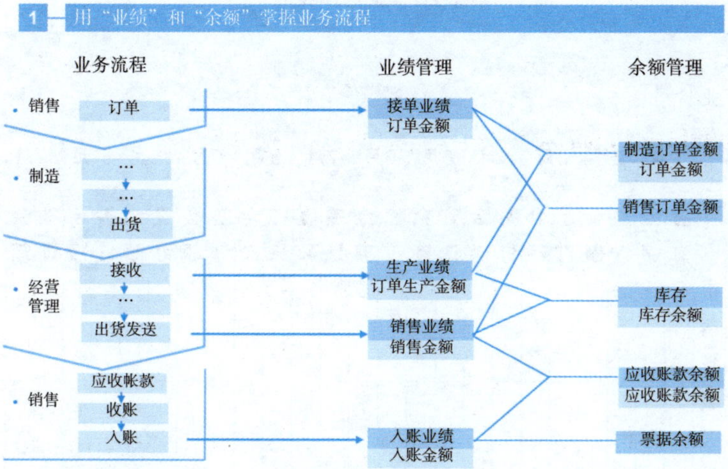

2 用“业绩”和“余额”掌握业务流程

掌握阿米巴核算的机制——掌控收入、经费开支、时间的方法

收入的掌控方法
—与市场价格挂钩

- “售价-成本=利润”
- 生产方式
  订单生产方式
  库存销售方式
  公司内部购销
- 实践产销一体化的经营模式

经费开支的掌控方法
—把握经营现状，进行精细化管理

- 在采购时计入经费
- 由收益者来负担与生产活动和销售活动直接相关的费用，以及间接部门的公共经费
- 领导掌握单位时间人员的平均劳务费
- 细化经费—领导必须准确掌握经费状况

时间的掌控方法
—关注部门总时间

- 总时间：员工一个月的正常工作时间，加班时间，部门公共事件，间接公共时间
- 每天必须先把前一天的时间业绩和月初以来的累计业绩反馈给每一位员工，以使其掌握总时间

图85　阿米巴经营的业绩管理流程

表26 业务预算表

部门	渠道	业务类型	______年																									
			1月		2月		3月		4月		5月		6月		7月		8月		9月		10月		11月		12月		合计	
			签订	金额	签订	金额	签订	金额	签订	金额	签订	金额	签订	金额	签订	金额	签订	金额	签订	金额	签订	金额	签订	金额	签订	金额	签订	金额
阿米巴	对外	申请类																										
		服务类																										
	对内	申请类																										
		服务类																										
合计																												

NO. 72

如何编制阿米巴费用预算

阿米巴费用预算，是指利用预算对各阿米巴的财务资源进行分配、考核、控制，以便有效地组织和协调阿米巴生产经营活动，完成既定的经营目标。通过预算的编制，使阿米巴领导人明确经营目标，以及下一步的工作方向。

编制阿米巴费用预算有如下方法：

1. 明确工作标准是什么

费用预算反映了阿米巴的业务量、收入与支出一览表。向公司高层及各阿米巴管理者解释如何达到工作目标，预算项目和数量是否合理，明确各个阿米巴工作责任者的工作标准是什么。

2. 将预算指标分解，并进行有效的控制

阿米巴通过预算编制，把各项目标具体化，必须进一步将各项预算指标分解落实到各阿米巴或责任人。预算编制为实际行动提供控制的标准；控制的目的是为了实现预期的目标。为了进行有效的控制，主要注意对工作成效有关键意义的进行控制。如为实现预算利润目标，控制的关键点是销售收入、材料采购成本和数额较大的费用成本。

3. 制订出切实可行的预算方案

为了避免在阿米巴之间的预算过程中产生矛盾，应当让各阿米巴参与到预算的制订中来，促进信息最大范围的流动，使预算编制的沟通更为细致，增加预算的科学性和可操作性。同时，让企业最高领导参与制定预算并拥有最后决策权，唯此才能从整个企业的大局出发，制定出切实可行的预算方案。

4．设置阿米巴预算委员会

阿米巴预算委员会应由各重要职能部门经理、阿米巴领导人组成，由企业高层领导担任主席。预算委员会协调各部门信息的共享。预算委员会的职能不仅仅是预算的制定，还包括预算的实施、调整、监督等后续环节。

阿米巴预算委员会要保证制定的预算要有权威性，能够全面代表各阿米巴的利益并使其在预算中都能得到合理的体现。其成员数量不宜过多，要做到精干、高效、统一，保证工作效率。

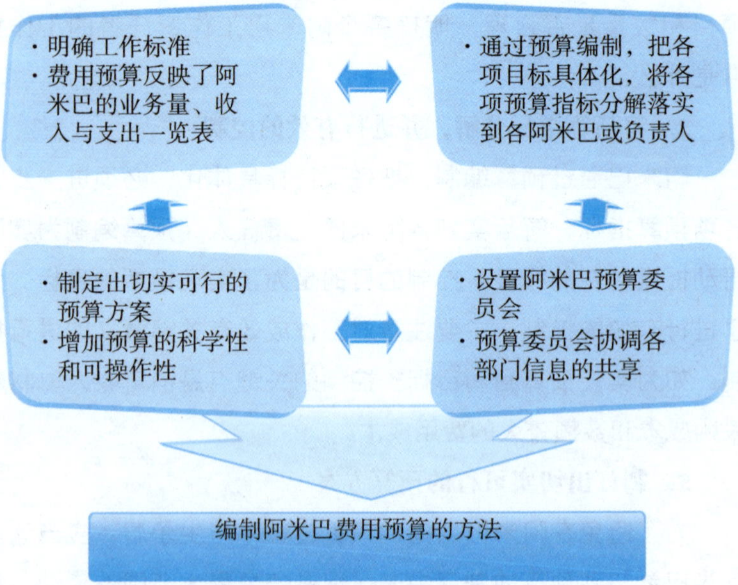

图86　编制阿米巴费用预算

表27 成本及费用预算表

类型	科目	二级科目	1月	2月	3月	4月	5月	6月	7月	8月	9月	10月	11月	12月
			金额	金额	金额	金额	金额	金额	金额	金额	金额	金额	金额	金额
本巴费用	变动费用													
	固定费用													
	小计													
分摊费用	直接费用													
	间接费用													
	合计													

表28 阿米巴费用预算表（一级阿米巴）

（单位：元） 日期： 月

序	项目	科目明细	预算金额	备注
1	分摊费用			
2				
1	本阿米巴费用			
2				
合计				

表29 人力成本预算表（一级阿米巴）

（单位：元）　　　　　　　　　　　　　　　　　　　　日期：

项类	费用发生部门	科目	______年											
			1月	2月	3月	4月	5月	6月	7月	8月	9月	10月	11月	12月
分摊人力成本														
本阿米巴人力成本														
合计														

NO. 73

如何设计出企业自己的经营会计报表

不懂经营会计不能成为真正的经营者。导入阿米巴经营模式，看起来非常复杂的企业经营状况，如果用数据极为单纯地表达出来，就会清晰地反映出真实的状态。会计数据简洁并即时表达企业当前的经营状况，对于经营者来说具有重要意义。

稻盛和夫说："不论在公司还是出差，我都在第一时间审阅各部门的详细资料。看到某部门销售、费用的具体内容，就像看故事一样明白了该部门的实况，脑海中浮现出该部门负责人的相貌，那样乱花钱、材料费占销售额比率太大，经营上的问题也就自然浮现。"

可见稻盛和夫对经营会计报表的重视程度。那么，我们如何设计出自己企业的经营会计报表呢？

1. 经营会计报表具有可视化、数据化、高收益的特点

每个阿米巴真实的经营状况如何，这个月赚了还是亏损，哪个阿米巴亏损，哪个阿米巴赚了，费用如何花的，通过经营会计报表就可以一目了然看清楚。

经营会计报表一个重要的特点，是能够从报表中找到问题所在，让员工看着报表进行改善分析。从而帮助阿米巴及时应对市场的变化，有助于改善经营。改进后的数字在下一个月的结算表上马上就会反映出来。这样，公司整体的业绩也会变得更好。

2. 经营会计报表的组成内容

（1）项目和项目说明。经营会计报表，有什么项目，项目的说明是什么？

（2）统计要求。统计数据的来源是什么，统计的周期，统计的原则，计算公式是什么？

（3）收入。阿米巴的收入来源于产品的销售，如果是利润阿米巴，除了内部交易产生的销售外，还可以直接对外销售产品，这两部分的总和减去因各种原因回收产品或赔偿上游工序的金额，再减去内部采购的金额，便是本阿米巴单元的净收入。

（4）费用和成本。阿米巴单元的成本包括原材料成本、辅料成本以及人力成本等。阿米巴单元的费用，分成统计部分和分摊部分。统计部分指各阿米巴单元在运营过程中产生的费用，分摊费用指本阿米巴单元外的部门或集团所产生的费用，需要本巴承担的部分。

（5）工时。工时包括三部分，一部分是本阿米巴所产生的工时，即本阿米巴本周期内工作人数 × 工作时间。另一部分是非本阿米巴人员，如上级阿米巴或总部人员所产生的工时分摊。还有一部分是临时外借人员，所产生的工时，或本阿米巴人员加班所产生的工时。

经营会计报表的特点

具有可视化、数据化、高收益的特点

改善分析。能够从报表中找到问题所在，让员工看着报表进行改善分析

用数据极为单纯地表达，清晰地反映出真实的状态

经营会计报表的组成内容

项目和项目说明

统计要求。统计数据的来源统计的周期，统计的原则，计算公式等

收入。阿米巴的收入来源于产品的销售

费用和人力成本

工时

图87　经营会计报表的特点和组成内容

表30　与经营密切相关报表情况说明

阿米巴级别	日常使用的报表	周期
三级	本阿米巴收入登记表	日
	本阿米巴单位时间核算表	日
	本阿米巴经营状况表（实际、预算、对比三个表）	月
	月度总结与工作计划和费用预算表	月
二级	本阿米巴单位时间核算表	日
	阿米巴属范围合并单位时间核算表	日
	阿米巴属范围合并经营状况表（实际、月度滚动计划、对比三个表）	月
	月度总结与工作计划和费用预算表	月
一级	本阿米巴单位时间核算表	日
	阿米巴属范围合并单位时间核算表	日
	阿米巴属范围合并经营状况表（实际、月度滚动计划、对比三个表）	月
	月度总结与工作计划和费用预算表	月

表31　阿米巴经营日报表

项目		科目（1）计划业绩金额	计算公式（2）实际业绩金额	类别			数据来源	原因分析	明日计划
				差异（2）~（1）金额					
	对外出货	服务类	A1						
	对内销售	阿米巴	A2						
	合计		A=A1+A2+…						
总收入	对外销售收入		B1						
	内部收入	阿米巴	B2						
	内部采购	阿米巴	B3						
	总收入合计		B=B1+…+B6−B7						
成本（不含人工）	固定成本	租金	C1						
	变动成本		C2						
	总成本合计		C=C1+C2+…						
人工成本（人力成本）	税前人工	工资	D1						
	福利补贴	社保	D2						
	培训	培训	D4						
	总劳务成本合计		D=D1+D2+D3						
费用	本阿米巴费用		E1						
	直接分摊费用		E2						
	间接分摊费用		E3						
	总费用合计		E=E1+E2+…						
销售利润			F=B−C−D−E						
总时间（小时）		正常时间	H1						
	加班时间	H2							
	借调时间	H4							
	总时间合计	H=H1+H2−H4							
生产总值			I=A−B9−B10						
单位人均产值（元）			J=B/H						
单位时间附加值（元）			K=(B−C−E)/H						

表32　工厂阿米巴经营会计报表

阿米巴名称：　　　　　　　　　　　　　　　　　　日期：　　年

类别	编号	项目	累计	1月	2月	3月	4月	5月	6月	7月	8月	9月	10月	11月	12月
收入															
费用															
人力成本															
利润															
人员															
工时															

表33　阿米巴核算科目与统计周期

类别	编号	项目	项目说明	统计要求	
				单位时间核算表	经营状况表
收入					
费用					
人力成本					
利润					
人员					
工时					

表34 阿米巴月度总结报告

一、阿米巴数据分析

序号	项目	累计	上月	本月	差异	原因分析	改善关键举措
1	对外销售额						
2	净收入						
3	总费用						
7	总工时						
8	人员变化						
9	单位时间核算值						
10	总人力成本						
11	阿米巴利润						

二、月度工作计划

序号	关键举措和年度计划工作内容	负责人	完成时间	投入资金计划	完成标志	结果验证
1						
2						
3						

三、需支持的工作

序号	目前阿米巴存在的难以解决的问题	需沟通和支持的部门	解决时间要求	结果跟踪
1				
2				
3				

表35　阿米巴收入登记表

净收入	NI	NI=A-B+C-D			注：表格中灰色部分不要进行填写和修改			
对外销售	A	A			回收金额	B		
对内销售	C	C			对内采购	D		
合计	卖出金额	A+C			买入金额	B+D		
品种	卖出数量	卖出价格代码	单价	金额	买入数量	买入价格代码	单价	金额

NO.74

如何通过经营报表进行改善分析

阿米巴经营报表分为两个部分，一个是数据统计部分，一个是改善分析部分，其实最关键重要的是改善分析。阿米巴经营者从报表中找到问题所在，看着经营报表进行改善分析。

1. 从数字中掌握公司现状

稻盛和夫曾经将经营比作驾驶飞机。

阿米巴经营者——机长。

会计数据——仪表数字。

机长相当于经营者，仪表必须把时刻变化着的飞机的高度、速度、姿势、方向正确及时地告诉机长。如果没有仪表，就不知道飞机现在所在的位置，就无法驾驶飞机。

阿米巴经营亦如此。如果会计数据不能即时表示经营状态的话，经营判断就会出现差错。京瓷的产业之所以能够快速发展，原因就在于其“能够即时反映经营实态的会计系统”十分完备。

此外，即使拥有完备的会计系统，能够即时显示会计数据，如果经营者不能够理解数字背后的含义，阿米巴也无法向前发展。因此，要想使阿米巴发展，经营者必须掌握销售额、产量、成本和时间等数字。同时，经营者必须在看到经营报表时，能够理解报表数据的含义，只有付出超越会计的努力，才能开展真正的经营。

2. 通过经营报表把握问题，进行改善分析

阿米巴经营报表的目的，就在于经营者不断地去掌握经营状况，提出经营改善的对策，使阿米巴能持续盈利。

阿米巴经营者不论身在何处，都能立刻浏览经营报表的数据，对经营报表的每个项目及明细仔细检查，随时把握阿米巴经营上的问题，追溯问题的根源，进行差异分析，快速形成解决方案，进而改善经营。同时，形成文字分析结果，准确判断出企业的经营现状，帮助公司决策层做出准确的决策。

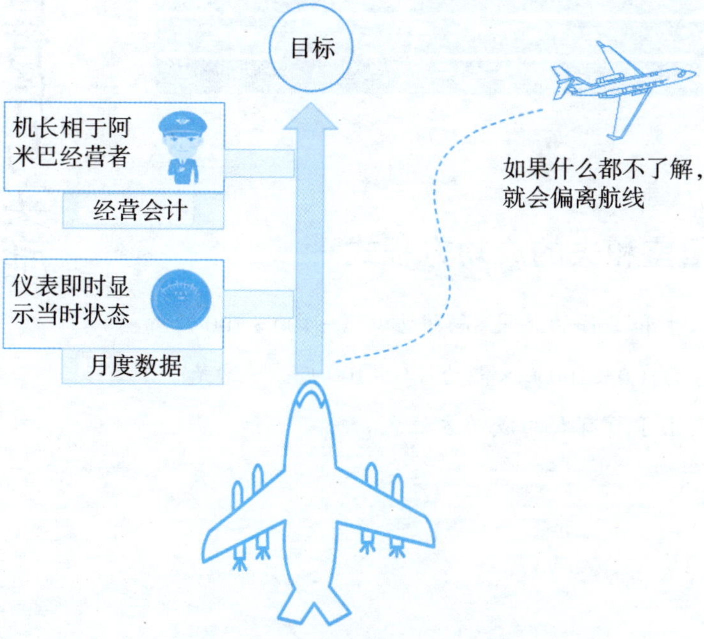

图88　经营与驾驶飞机相似

第九章 阿米巴运营管控与实施

CHAPTER 9

稻盛和夫的成功方程式

人生和工作的结果=思维方式（−100～100）×努力（0～100）×能力（0～100）——这是一个适用于所有人的成功方程式。

NO. 75

阿米巴经营模式实施需要考虑哪些因素

阿米巴经营模式导入是一个系统工程，并非一时之功，一蹴而就。在阿米巴经营模式实施的起步阶段，企业高层管理者应考虑如下因素：

1. 寻找推动阿米巴经营模式的驱动因素

企业应寻找推动阿米巴经营模式的驱动因素，建立实施阿米巴经营模式的紧迫感，并确定怎样将阿米巴经营以最有效的方式引入到企业之中。这可以由一系列的外部环境分析、标杆对比、组织内部评估等构成，以帮助公司领导人确定最佳切入点。特别是企业的高层管理团队对实施阿米巴经营模式要达成一致意见，并且将对阿米巴经营模式的领导力逐层传递出去。

2. 建立实施阿米巴经营模式的愿景

由于很多企业员工并不深入了解阿米巴经营模式是什么，以及能为组织和个人带来什么益处。因此，管理者需要建立实施阿米巴经营模式的愿景，并且将清晰的信息传达给他们，然后在企业内部进行充分沟通。

3. 在经营目标、发展战略之间建立清晰的联系

在阿米巴经营模式实施的过程中，企业高管要让员工清楚地看到，每个人或每个阿米巴的工作与企业经营目标或工作重点都是紧密联系的，要让每个人都清楚地看到他们能为企业做出重要的贡献。

4. 打一场成功的短期战役十分关键

阿米巴经营方案和系统的制作导入阶段，一般都在4～6个月的周期内完成。在阿米巴经营模式导入的第一阶段，打一场成功的短期战役十分关键，这将坚定公司高层和员工对阿米巴经营模式的信心和期望，也有利于后续工作的推进。

5. 选好“标杆阿米巴”

在实施阿米巴经营模式的初期，需要选择优秀的团队试运营阿米巴，他们有双重作用：首先，打好第一场战役，让员工看到阿米巴经营模式是能够在本企业中成功的；其次便是树立“标杆”，让员工看到身边的榜样。

6. 宣传和展示首轮阿米巴经营咨询项目的成果

企业管理者对导入阿米巴经营模式应该做出长期的考虑，并且将它与企业的发展战略紧密地结合起来，应该给实施阿米巴经营模式一个理由。宣传和展示首轮阿米巴经营咨询项目的成果，激发员工更大的积极性，为后续的阿米巴运营管控和实施打下牢固的根基。

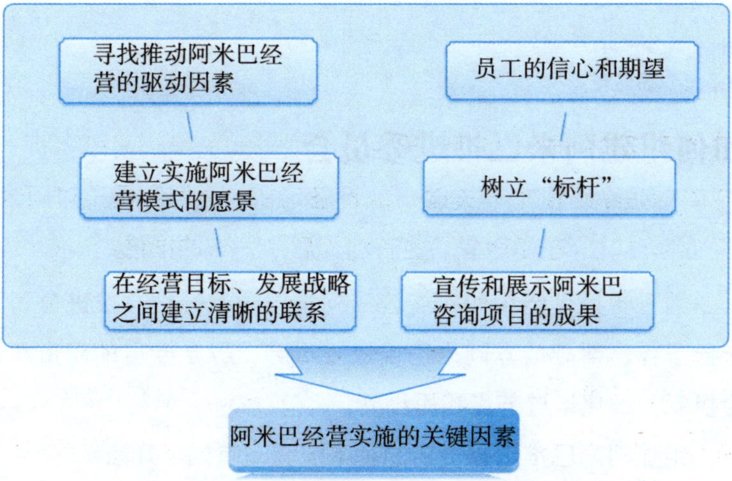

图89　阿米巴经营模式实施需要考虑的关键因素

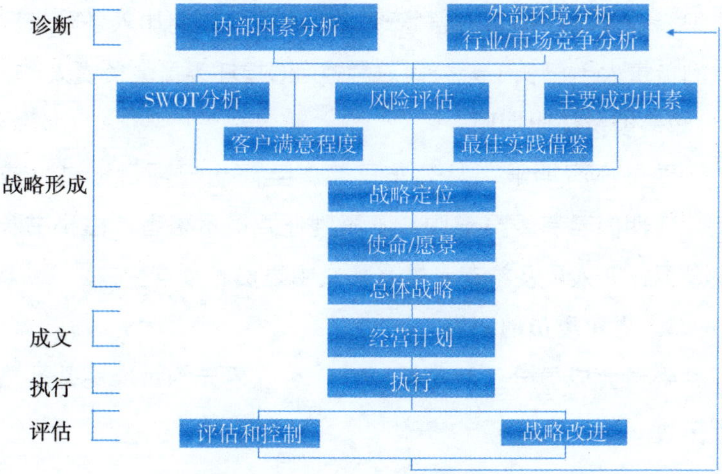

图90　企业战略经营架构图

NO. 76

如何组建阿米巴推进委员会

为了更好地组织和实施公司阿米巴项目计划，推进公司阿米巴工作，需要成立阿米巴推进委员会，界定委员的职责和例会机制，细化推进节点和里程碑。

组建阿米巴推进委员会的基本流程，有如下几点：

1. 阿米巴推进委员会建立和组成人员

阿米巴推进委员会是阿米巴项目推进过程中的法定非正式组织。成员由公司中高层管理人员组成，后期加入各阿米巴组织的负责人（巴长），公司总裁或CEO担任委员会负责人。

2. 委员任职期限

委员任职期限，从公布日起，至阿米巴项目推进完成为止；任期内若有委员离职或不再胜任委员资格者，由秘书长提议是否补充人员及补充者姓名，交由委员长批准生效。

3. 界定委员的职责

委员会成员分工及主要职责，可以事先约定准则并严格遵守执行。

表36 阿米巴委员会成员分工及主要职责

序	职务	姓名	主要职责及权限
1	阿米巴委员长		任命阿米巴巴长人选
			批准各级阿米巴年度经营目标与财务预算
			批准各级阿米巴个人报酬及团队奖励计算方式
			批准各级阿米巴长授权范围与程度
			决策阿米巴与阿米巴及其他部门对接事项与流程
			调配其他部门的资源支持与配合巴的需要
			组织每月一次的委员会议
2	秘书长		召集例行或临时性委员会议并负责会议记录和存档
			全面协助委员长调配资源与决策事项
			跟进和落实会后实施事项，并及时向委员长报告
3	委员		提供阿米巴咨询项目过程中所需要的财务数据
			提供阿米巴利润核算方式及成本和费用细分科目
			对阿米巴的资产、运行中的财务数据进行监督、审计
4	其他委员		提供各自职务范围内的资源给予支持和配合
			参与讨论过程中的委员决策事项
5	阿米巴委员	各阿米巴巴长	每月定期向委员会做工作报告
			主动提出阿米巴推进中的资源需求和寻找支持
			决策授权范围内的事项
			接受并配合监督审计工作

4. 建立例会机制

阿米巴推进委员会定期或不定期召开会议，计划和总结项目的进展。因此，需要建立例会机制。

（1）委员例会运作规程。

会议时间和组织：委员例会每月一次，时间固定在每月初召开，会议由秘书长组织和主持。

会议议程包括但不仅限于以下内容：讨论、审议、决定阿米巴组织的重大机制、制度、规程等（如业务范围增减等）；质询各阿米巴组织的工作报告；讨论和确定各阿米巴组织提出资源需求。

（2）委员临时会议运作规程。

委员临时会议按需要召开，由秘书长负责召集和组织，委员长可选择性参加会议；讨论、审议各阿米巴与集团各部门之间日常运作中对接的资源配合、制度、流程等；其他需要提交委员会议讨论和决策的事项。

（3）会议规则。

会议前由秘书长将会议议题、需要提前审阅的资料发给相关成员；相关成员请在会议前准备需要发言的意见或提前抄送给秘书长；因故不能出席会议的成员需提前向会议组织者委员长请假；未出席会议者视为对会议决策认同，会后不得以任何借口拒绝执行有关决议；对会议有争议的部分，采用与会人员民主（举手）方式进行表决，原则上超半数同意即通过决议。

（4）会议记录。

每次会议后三个工作日内，秘书长将会议记录交委员长审核后抄送给各成员；会议记录一般保存三年。

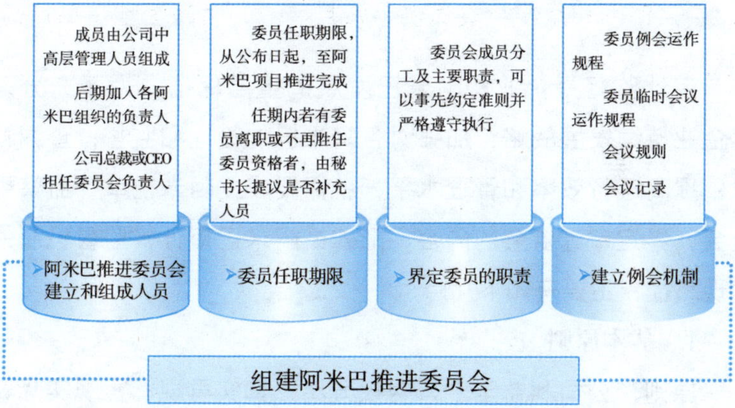

图91　组建阿米巴推进委员会流程

NO. 77

如何建立并运行阿米巴审计、监督机制

审计监督是企业和阿米巴发展的重要保证。为了充分落实企业持续发展战略，加强对各阿米巴的管理和监督，查漏补缺，提高运行效率和管理水平，就需要成立阿米巴审计监察委员会，界定审计监察的内容、形式。阿米巴审计、监督机制的实现路径，主要有如下几点：

1. 基本原则

原则：公司利益至上、两权分离、真实再现、客观实际、承担责任等。

2. 审计监察机构与职权

审计监察机构：审计监察职能由审计部负责，直接对董事长或总经理负责，代表董事长兼总经理监审公司的整体运行情况。

审计监察职权：有权调审或现场审查公司各阿米巴的实物、经营计划、政策、会计凭证、账簿、报表、合同、预算、决算及分配方案等，查询有关的文件资料；对违反财经法规造成严重损失、浪费和严重失职的责任人员，有权提出处理建议等。

3. 审计监察任务与范围

审计监察任务：确保国家有关财经政策、法令制度以及财经纪律和公司方针政策、战略规划、规章制度在企业内得到完整的贯彻执行。

审计监察范围包括财务审计、离任审计、专项审计、日常稽查、监察等。

4. 审计监察主要类别

审计监察类别：主要有财务审计。内容为：有价证券、库存现金、银行存款、存货、固定资产、价格、费用支出及工程成本、各种会计凭证、账簿、辅助记录、报表等。

5. 审计监察工作程序

审计监察程序为：编制年度审计监察工作计划；制定分项工作审计监察计划；审计监察人员的组成；提出审计监察报告；做出审计监察处理决定；进行审计监察复审；执行审计监察决定；建立审计监察档案。

6. 奖惩规定

审计监察奖励：对忠于职守、秉公办事、客观公正、实事求是，有突出贡献的审计监察人员和对敢于揭发检举违反财经纪律、抵制不正之风的有功人员依据有关的规定给予相应的行政和经济奖励。

审计监察惩处：对阻挠、破坏审计监察人员行使职权的、打击报复检举人和审计监察人员的、拒不执行审计决定的，以及诬告陷害他人的，视其情节轻重和损失大小对直接责任者给予必要的行政与经济处罚，情节严重者移交司法机关依法惩处。

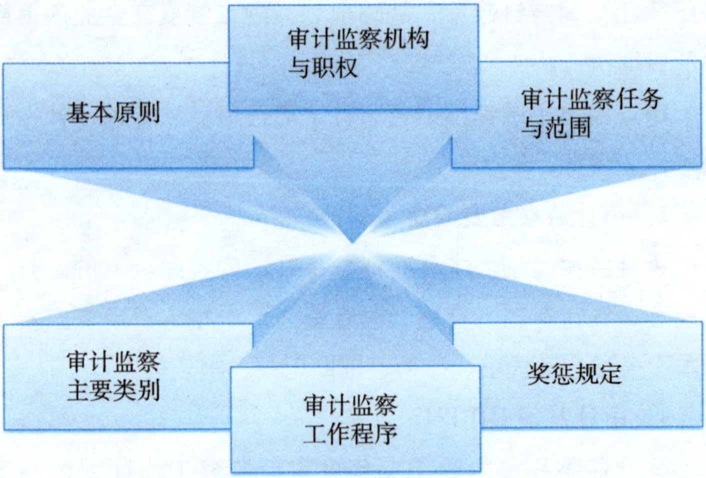

图92　建立并运行阿米巴审计、监督机制

NO. 78

如何设计阿米巴组织架构

阿米巴组织结构设计实质上是一个组织变革的过程。它是把企业的任务、流程、权力和责任重新进行有效组合和协调的一种活动。根据时代和市场的变化，进行阿米巴组织结构设计的结果是大幅度地提高企业的运行效率和经济效益。阿米巴组织结构设计的主要内容包括：

1. 职能设计

职能设计是指阿米巴的经营职能和管理职能的设计。阿米巴作为一个经营单位，要根据其战略任务设计经营、管理职能。如果阿米巴的有些职能不合理，那就需要进行调整，对其弱化或取消。

2. 框架设计

框架设计是阿米巴组织设计的主要部分，运用较多。其内容简单来说就是纵向的分层次、横向的分部门。一般可分为三级阿米巴。

3. 协调设计

协调设计是指阿米巴协调方式的设计。框架设计主要研究分工，有分工就必须要有协作。协调方式的设计就是研究分工的各个层次、各个阿米巴之间如何进行合理的协调、联系、配合，以保证其高效率的配合，发挥管理系统的整体效应。

4. 规范设计

规范设计就是管理规范的设计。管理规范就是企业的规章制度，它是管理的规范和准则。结构本身设计最后要落实并体现为规章制度。管理规范保证了各个层次的阿米巴和岗位，按照统一的要求和标准进行合作和行动。

5. 人员设计

阿米巴组织架构设计和规范设计，都要以管理者为依托，并由阿米巴管理者来执行。因此，按照阿米巴组织设计的要求，必须进行人员设计，配备相应数量和质量的人员。

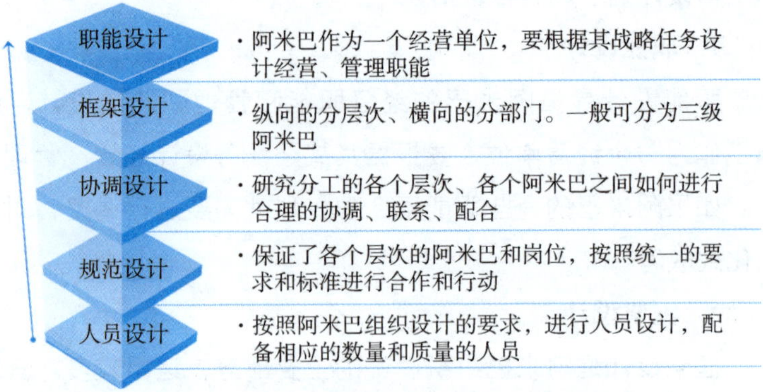

图93 阿米巴组织结构设计的主要内容

NO.79

阿米巴如何定编定员

阿米巴定编定员是指在企业发展战略的指导下，进行阿米巴组织架构的设计以及职能的分解，根据需要确定阿米巴的编制，并确定执行岗位工作的具体工作人员。

1. 阿米巴定编定员的原则

（1）以阿米巴经营目标为中心，科学、合理地进行定编定员。阿米巴定编定员的目的是为了精简机构，合理配置人力资源，提高工作效率。

（2）编制人员比例关系协调原则。

2. 阿米巴定编定员的分析

（1）按照阿米巴职能，梳理现有业务流程、管理流程，对现有岗位工作量进行统计、分析，拟定岗位设置办法。

（2）各阿米巴对现有人员进行综合分析、整合，形成定岗后的岗位工作量分析表，并根据设定岗位的情况，明确岗位职责、任职要求，制定职能说明书。

（3）各生产阿米巴在进行定岗分析时要对产能、班次、劳动生产率等因素进行综合分析。

（4）各阿米巴提出本部门定编定员方案。

（5）阿米巴推进委员会审核各阿米巴岗定编定员方案。

3. 阿米巴定编定员的方法

阿米巴定编定员，需要采取一定的程序和科学的方法，合理地确定阿米巴组织架构的设置并对各类人员进行合理的配备。

一般可按阿米巴组织结构、职责范围和业务分工定编定员，即先确定阿米巴组织架构和各职能部门，明确各项业务分工及职责范围以后，根据业务工作多少和复杂程度，结合阿米巴的级别，以及管理人员和技术人员的工作能力和技术水平来确定人员数量。这种方法主要适用于阿米巴管理人员和技术人员的定编定员。

4. 编制阿米巴定编定员清单

阿米巴定编定员清单，主要包括阿米巴级别；阿米巴名称；直接人员、管理人员和技术人员的定编人数和实际人数；年度定编总人数。

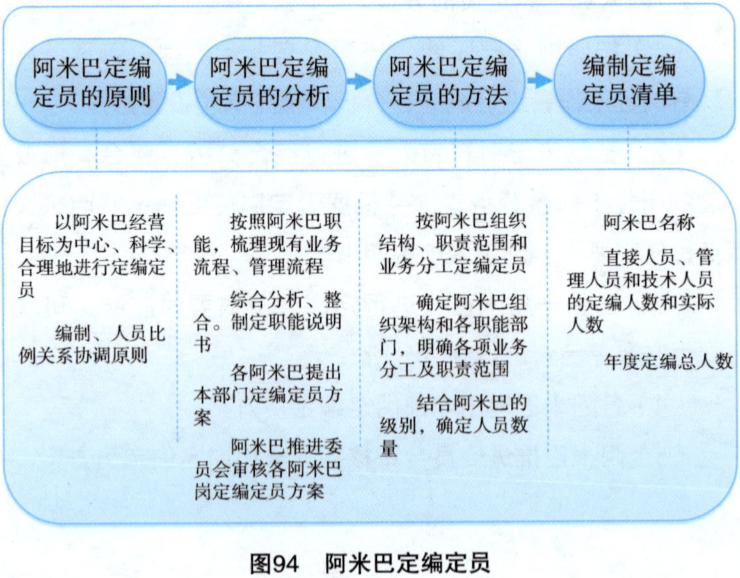

图94　阿米巴定编定员

表37 阿米巴定编定员情况

序	级别	代码	阿米巴名称	直接人员		管理人员		技术人员		辅助人员		年定编总人数
				定编人数	实际人数	定编人数	实际人数	定编人数	实际人数	定编人数	实际人数	
1												
2												
3												
总计												

表38 阿米巴定编明细表

序号	阿米巴		岗位名称	岗位编制人数	现有人员人数	现有人员姓名	差额	说明
	级别	代码						
1	一级		阿米巴巴长					
2			阿米巴成员					
3	二级		阿米巴巴长					
4			阿米巴成员					
5	三级		阿米巴巴长					
6			阿米巴成员					
合计								

表39　各阿米巴定岗定编一览表

代码	一级阿米巴名称	代码	二级阿米巴名称	业务（职能）	人员分类	岗位（职务）名称	年编制	具体人员

表40　人力资源盘点表

部门	科室	职务名称	去年情况		本年情况		人工成本增长率
			去年人数	去年人工成本总额	本年人数	本年人工成本总额	

NO. 80

如何实施阿米巴巴长竞聘

赛马重于相马。阿米巴巴长竞聘，重点在“竞”字上，参与竞聘者在相同的竞争规则面前，在相对较短的时间内，充分展现自己的综合素质；企业在所有参与竞聘者中发现适合担当阿米巴巴长的人才，选取其中的佼佼者。因此，程序公正、过程公开、结果公平就成为阿米巴巴长竞聘最大的关注点。阿米巴巴长竞聘实施，主要有如下要点：

1. 竞聘上岗动员，制订并公布竞聘方案

阿米巴巴长竞聘上岗作为一种保证组织变革顺利进行的必要措施，它摒弃论资排辈的落后体制，真正体现能上能下、优胜劣汰的市场化观念和竞争意识，鼓励员工不断创新，实现自我提升，为组织注入新的活力，强化员工的使命感与责任感。

制订并公布竞聘方案，通过公布竞聘方案的形式，向所有可能参与阿米巴巴长竞聘的人员传递一个这样的信息：企业强调的是能力至上，鼓励员工实现自身价值，为企业创造价值。企业有必要召开竞聘动员会，由评审者、组织者与广大员工面对面地正式交流，鼓励员工积极参与，并答疑员工的一些疑虑，这可有效推动阿米巴巴长竞聘的开展。

2. 在公司内部发布竞聘岗位信息

必须根据企业的战略目标，结合企业未来的组织结构和企业文化氛围，对阿米巴巴长竞聘进行系统准备并建立一套完整的阿米巴巴长竞聘体系，在合适的时机，选择合适的岗位进行公开竞聘。在选择公开竞聘岗位的时候，应该考虑三个重要方面：

（1）是否符合企业岗位需要，是否符合企业的战略发展、企业未来的组织结构变化及人力资源发展规划。

（2）空缺或需调整岗位是否适合做公开竞聘，一般说来，二级、三级阿米巴巴长岗位适合用来做公开竞聘。

（3）是否符合企业文化的习惯和要求，必须考虑拿出来做公开竞聘的岗位，员工是否可以接受。

3. 建立阿米巴巴长竞聘组织机构

竞聘的组织机构是阿米巴巴长竞聘取得成功的重要一环，包括竞聘的评审者和竞聘工作组。竞聘评审者作为竞聘的考官是竞聘中的关键人员。阿米巴巴长竞聘上岗领导小组由公司领导组成，必要时可以聘请一位企业外部资深人力资源专家来担任主考官或考核顾问。

竞聘工作组的职能包括向员工或其他关心竞聘的人员解释竞聘方案和其他疑问；协调企业各个部门，保障公开竞聘顺利进行；初步审核参聘人员的参与资格；组织竞聘演讲答辩会等。

4. 考评参与巴长竞聘人员

考评参与竞聘人员的过程分为接受参与竞聘人员报名及资格审查、考评两个步骤。最重要的是参聘资格、评审办法和竞聘结果要全部公开，接受广大员工的充分监督。评审者、组织者的权威性、专业性非常重要。竞聘的公平、公正说到底就是让员工感觉到过程要公平公开，结果要公正。

阿米巴巴长的竞聘方式，采用组织考察与演讲、答辩相结合。最大范围地让员工旁听。演说与答辩流程：主持人讲解对竞聘演说和答辩的要求；申请人发表竞聘演说；竞聘小组针对申请人的竞聘演说进行提问，申请人进行答辩。

竞聘报告和演说的具体内容：对阿米巴巴长岗位价值的认识；针对现状和存在问题提出解决思路；未来的工作目标和计划等。

考评过程要尽可能公开，让员工参与，不仅可以实现公开公平，还可逐步构建企业的竞聘文化。

5. 公布阿米巴巴长竞聘结果

对经过综合评议后获得聘用的获聘者进行公布，同时明确获聘者将成为下一阶段中层相关竞聘岗位的评委。

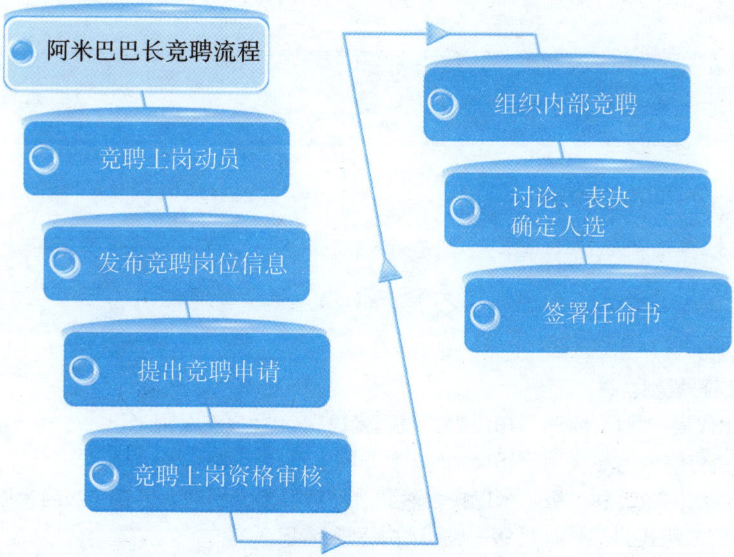

图95　阿米巴巴长竞聘实施步骤

对获聘人员办理阿米巴巴长聘任手续。由公司董事长或总经理签署任命书，获聘者与公司签署“阿米巴经营目标责任书”。

表41　拟竞聘岗位的名称与竞聘时间

竞聘序号	竞聘岗位	竞聘时间	地点
1			
2			
3			

表42　各级阿米巴名称与负责人名单

序	一级代码	阿米巴名称	负责人	现任职务	二级代码	阿米巴名称	负责人	现任职务	三级代码	阿米巴名称	负责人	现任职务
1												
2												
3												
合计												

说明：

1.编码规则：

A.B代表一级阿米巴；MB代表二级阿米巴；CB代表三级阿米巴。

B.销售阿米巴在级别代码前加X；生产阿米巴在级别代码前加S。

C.一级阿米巴和二级阿米巴按自然数顺序编码同级别阿米巴；三级阿米巴按相应二级码自然数加后缀一编码同级别阿米巴。

2.各级阿米巴负责人称为阿米巴巴长。

3.各级阿米巴负责人由人力资源部建议审核，由总经理批准。

NO. 81

为什么召开阿米巴报告会

阿米巴实施后，以日、周、月为单位定期进行发布会，公布各阿米巴组织的经营状况并进行分析、总结、改善、计划。

由于每一个阿米巴组织自负盈亏并通过业绩分析会展示出来，将经营经验进行汇报总结，让员工在关注成本、费用、利润的同时，也让员工看清彼此之间、阿米巴之间的长短板，然后通过PDCA循环改善，不断成长。

1. 阿米巴报告会周期和形式

阿米巴报告会主要有每日会议、周例会、月度总结会等形式。这些会议均可提高员工的经营意识，激发参与阿米巴经营的热情，也让企业管理进一步透明化，可谓集培训会、述职报告会和交流会的功能于一身。

每日会议：阿米巴每天进行业绩数据统计，通过数据生成“单位时间核算表”。然后通过晨会或者交接班会的形式交流前一天的工作结果，分析报表发现问题并解决问题。

周例会：在阿米巴实施中每周定时召开例会，总结上一周的进展，分配下一周的工作计划。周例会由阿米巴负责人主持，宣布各项决策和通知，布置工作任务，进行经验分享和问题总结。会议纪要需在会后发至总部存档。

月度总结会：该会议主要进行组织业绩分析和评价报告。

阿米巴就一个月来的表现进行总结，以及讨论如何解决经营中的难题，公布目前的工作成果，下一阶段的计划及预期目标，具体执行人和执行日期。

2．阿米巴报告会的作用

在阿米巴定期开展各种形式的会议，通过对各种费用、利润进行报告，就经营上的问题进行归纳、分析、总结，找出长短板，为下一阶段工作的有效开展提供方向，做到趋利避害。

在会议上，公司领导可以把经营理念和方法传递给各位阿米巴巴长，阿米巴巴长又把行动方案、未来计划传达给阿米巴内部人员。而月度总结会的作用尤其大，该会议又被称为业绩发表会，不仅具有其他会议所共有的作用，还是阿米巴组织、经营人才探讨经营策略、一较高下的战场。

3．阿米巴报告会的内容

阿米巴报告会是阿米巴经营模式的核心环节之一，所有导入阿米巴经营的企业都要给予足够的重视。一般而言，阿米巴报告会具有如下内容。

（1）公司高层领导要做整体业绩的综合陈述和分析，对下属各个阿米巴进行整体评价，并提出下一阶段的工作方向。

（2）每个阿米巴对上一个阶段的实际业绩与计划业绩进行差异对比分析，分析路径遵循客观、高效、务实的原则。从利润增减的金额，利润与销售收入的关系，利润与变动费用的关系，利润与固定费用的关系等方面，对经营会计报表进行分析和解读，找到问题的真正原因并提出解决方案。

（3）针对各个阿米巴的业绩分析总结报告结果，公司高层领导与属下各个巴长共同制订出下一阶段的工作计划。

（4）公司领导做最后会议总结和各个阿米巴巴长的评价，并确定整体阿米巴组织的工作计划。

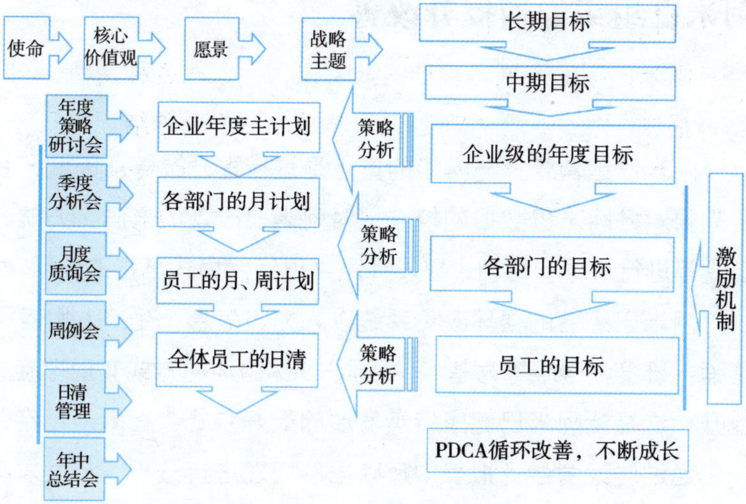

图96　阿米巴报告会流程

NO. 82

阿米巴组织如何提升改善

阿米巴运营管控与实施的重点是进行提升改善。因此，企业需要对各阿米巴数据的校准，对阿米巴改善的方向、方法、工具等进行指导和培训，以发挥阿米巴经营模式真正的作用。

阿米巴经营的循环改善系统以人力、信息、生产、财务、营销、研发、客服等为基点，采取PDCA循环的方式实现螺旋式上升，这是让阿米巴健康持续发展的最好方式。在阿米巴经营中，通过对经营会计报表中反映出的问题进行分析，自发思考解决方案，循环改善也就由此而生。

1. 阿米巴循环改善的内容

阿米巴组织主要通过四个环节的不断循环来实现持续改善，即P（Plan）计划→D（Do）实施→C（Check）检查/评价→A（Action）修正或改善。通过这个循环系统，阿米巴不断分析现状、发现问题、找出原因、解决问题，进而实现企业业绩提升、创造高收益。

具体内容为：每一年或每一个月，企业或阿米巴组织制订计划，然后实施，在实施的过程中进行评价，根据评价的结果采取行动，进行修正，接下来，开始下一个计划，由此便形成了一个持续、有效、高频率的PDCA循环。

这样周而复始地无限循环改善，阿米巴员工的作用是不可或缺的，因为员工是PDCA循环的主要参与者。

2．阿米巴提升改善的主要步骤

（1）分析阿米巴现状，从中发现问题。

（2）分析阿米巴经营问题中各种影响因素。

（3）分析影响问题的主要原因。

（4）针对主要原因，采取解决的措施和计划。

（5）执行，按措施计划的要求去做。

（6）检查，把执行结果与要求达到的目标进行对比。

（7）标准化，把成功的经验总结出来，制定相应的标准。

（8）把没有解决或新出现的问题转入下一个PDCA循环中去解决。

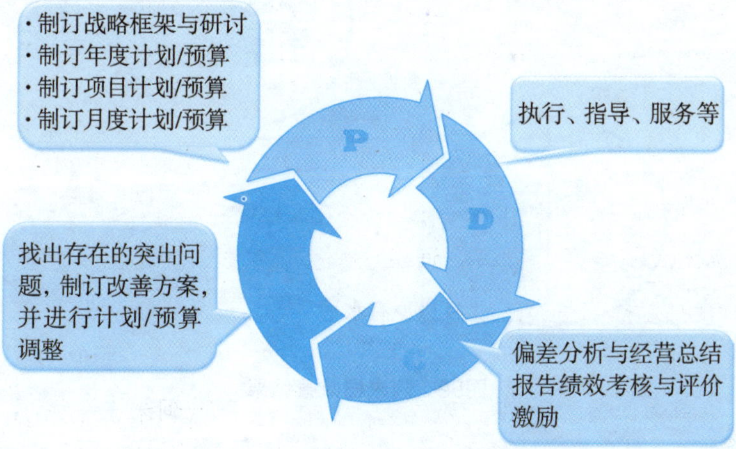

图97　阿米巴运营系统——PDCA模式

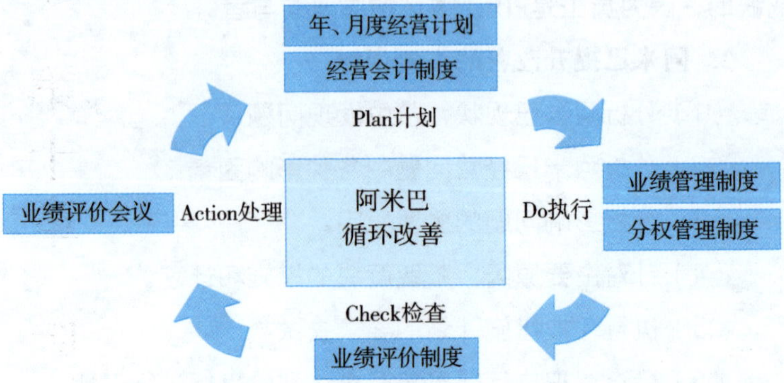

图98　阿米巴循环改善流程

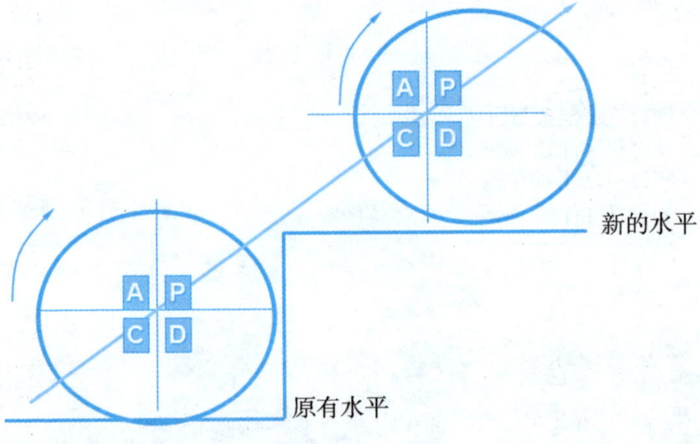

图99　阿米巴改善结果

第十章 阿米巴激励模式与机制

CHAPTER 10

自燃性的人、可燃性的人、不燃性的人

这里所谓的“燃性”，是指对事物的热情。自燃性的人是指，最先对事物开始采取行动，将其活力和能量分给周围人的人。可燃性的人，是指受到自燃性的人或其他已活跃起来的人的影响，能够活跃起来的人。不燃性的人是指，即使从周围受到影响，但也不为所动，反而打击周围人热情或意愿的人。我们要做的是成为自燃性的人。

——稻盛和夫

NO. 83

什么是阿米巴激励机制

在激烈的市场竞争中，阿米巴往往通过实施相应的经营计划以获得竞争优势，从而使阿米巴组织得以持续盈利、长期发展。在这个过程中，如何通过设计相应的激励模式与机制来保证阿米巴经营计划的实现是本章探讨的重点。

阿米巴组织为了实现经营目标，必须采取一系列的激励模式与机制。阿米巴激励机制，即激励企业如何从阿米巴管理层直至员工的努力方向同企业目标相一致，以及在激励机制实施中的关键环节所采取的不同的目标设置和奖励措施，从而使整个激励机制能更加有效地实现经营目标，达到组织利益和个人利益的一致。

1. 阿米巴激励机制的内容

从阿米巴激励的层次来说，阿米巴激励机制可分为两个层次，一是集团总部对阿米巴经营者的激励，二是阿米巴经营者对阿米巴内部各级阿米巴、班组以及员工的激励。

2. 阿米巴激励机制的作用

阿米巴激励机制的目的是为了提高被激励者的满意度。主要通过一定的程序、方法使被激励者在完成组织目标的同时也获得自身的满足，由于自身的满足又导致更高的积极性，从而可以更好地完成组织更高的目标，形成良性循环。

阿米巴激励机制一旦形成，它就会内在的作用于阿米巴组织系统本身，使阿米巴组织机能处于一定的状态，并进一步影响着阿米巴组织的生存和发展。

3. 阿米巴激励机制的运行模式

阿米巴激励机制运行模式，是从员工进入工作状态之前开始的，贯穿于实现组织目标的全过程。这一激励模式应用于阿米巴经营实施中可分为5个步骤，即划分了阿米巴激励工作的逻辑步骤。

第一，阿米巴经营者与员工双向交流。这一步的任务使阿米巴经营者了解员工的个人需要、事业规划、能力和素质等，同时向员工阐明阿米巴组织的目标、组织所倡导的价值观、奖金制度、绩效考核标准和行为规范等；而员工个人则要把自己的能力和特长恰如其分地表现出来。

第二，阿米巴经营者与员工双向选择。阿米巴经营者可以选择某一员工，而员工也可以选择中意的阿米巴组织。阿米巴经营者将根据员工的特长、能力、素质和工作意向给他们安排适当的岗位，提出适当的努力目标和考核办法，采取适当的管理方式并付诸行动；而员工则采取适当的工作态度、适当的行为方式和努力程度开始工作。

第三，阶段性评价和调整。阿米巴经营者对员工已经取得的阶段性成果和工作进展及时进行评判，以便阿米巴经营者和员工双方再做适应性调整。评价周期可根据员工的具体工作任务确定为一周、一个月、一个季度或半年等。

第四，阿米巴年终评价与奖金分配。阿米巴经营者对员工的工作成绩进行评价，并据此进行奖金分配。

第五，比较与磋商。在这一步，阿米巴员工将所获得的奖酬与其他可比的人进行比较，若员工觉得满意，将继续留在原组织工作；如不满意，可再与阿米巴经营者进行磋商，以达成一致意见。

阿米巴激励机制的两个层次

集团总部对阿米巴经营者的激励

阿米巴经营者对阿米巴内部各级阿米巴、班组以及员工的激励

阿米巴激励机制的运行模式

1	双向交流	阿米巴经营者阐明目标、组织所倡导的价值观、奖金制度等；而员工把自己的能力和特长恰如其分的表达出来
2	双向选择	阿米巴经营者可以选择某一员工，而员工也可以选择中意的阿米巴组织
3	阶段性评价和调整	阿米巴经营者对员工取得的阶段性成果和工作进展及时进行评判，以便阿米巴经营者和员工双方再做适应性调整
4	年终评价与奖酬分配	阿米巴经营者对员工的工作成绩进行评价，并据此进行奖金分配
5	比较与磋商	阿米巴员工将所获得的奖酬与其他可比的人进行比较，与阿米巴经营者进行磋商，以达成一致意见

图100　阿米巴激励机制

NO.84

阿米巴激励措施有哪些

阿米巴的活力源于每个员工的积极性、创造性。阿米巴需要综合运用各种激励措施使全体员工的积极性、创造性和阿米巴的综合活力达到最佳状态。在阿米巴经营实践中，一般采取如下措施对员工进行激励：

1. 目标激励

阿米巴组织通过推行目标责任制，使阿米巴经营指标层层落实，每个员工既有目标又有压力，产生强烈的动力，努力完成任务。

2. 示范激励

通过各级阿米巴巴长的行为示范、敬业精神来正面影响员工。

3. 文化激励

阿米巴经营提倡“敬天爱人”，阿米巴需要建立经营哲学体系，尊重各级员工的价值取向和独立人格，从而构建幸福型企业。

4. 参与激励

阿米巴经营倡导“全员经营”，让人人成为经营者。因此，阿米巴需要建立员工参与经营管理、提出合理化建议的制度和员工持股计划，提高员工的主人翁参与意识。

5. 竞争激励

由于各个阿米巴组织独立核算、自主经营，阿米巴的产品和服务也实现了自由交易，也产生了竞争。因此，企业提倡在阿米巴内部员工之间、阿米巴之间的有序平等竞争以及优胜劣汰。

6. 薪酬激励

阿米巴需要建立健全的薪酬体系，这是基于员工在各方面的需求而制定的一种比较科学的激励机制。薪酬包括工资、奖金、津贴、罚款等内容。在薪酬激励上需要“软硬兼施”，才有可能取得显著效果。

7. 股权激励

这是阿米巴组织为了激励和留住核心人才而推行的一种长期激励机制。有条件地给予激励对象部分股东权益，使其与企业结成利益共同体，更加具有关心和改善阿米巴经营成果的积极性，从而实现企业的长期目标。

阿米巴激励的意义

阿米巴的活力源于每个员工的积极性、创造性。阿米巴需要综合运用各种激励措施使全体员工的积极性、创造性和阿米巴的综合活力达到最佳状态

阿米巴激励措施

1	目标激励	推行目标责任制，使阿米巴经营指标层层落实
2	示范激励	通过各级巴长的行为示范、敬业精神来正面影响员工
3	文化激励	阿米巴经营提倡“敬天爱人”，阿米巴需要建立经营哲学体系，构建幸福型企业
4	参与激励	阿米巴经营倡导“全员经营”，让人人成为经营者
5	竞争激励	企业提倡阿米巴内部员工之间、阿米巴之间的有序平等竞争以及优胜劣汰
6	薪酬激励	在薪酬激励上需要“软硬兼施”，才有可能达到显著效果
7	股权激励	这是企业为了激励和留住核心人才，而推行的一种长期激励机制

图101 阿米巴激励措施

NO. 85

如何进行阿米巴绩效考核

导入阿米巴经营模式，需要规范公司考核体系，衡量和激励各阿米巴组织的经营管理，促进各项目标达成。

1. 绩效计划的制订、审核和调整

（1）制订绩效计划。

各阿米巴组织根据年度经营计划制订下一月度本阿米巴组织的绩效计划和目标。

绩效计划内容：经营性指标目标计划、非经营性指标目标计划、费用指标目标计划、时间指标目标计划、其他工作项计划等。

（2）绩效计划审核与调整。

各阿米巴组织月度绩效计划制订后，由公司审批确定后作为月度绩效考核依据。因不可抗的客观因素，需调整绩效计划，由相应的阿米巴巴长提出，上级阿米巴巴长审核，公司批准。

2. 绩效指标与绩效考核

（1）阿米巴绩效指标种类。

经营性指标：指与公司和阿米巴组织经营相关联的指标，如：销售业绩、生产成本降低率、利润达成率、费用降低率、单位时间提升率等。

非经营性指标：指非经营性管理类指标，如：质量达成率、交货期准确率、员工流失率、客户开拓率、回款达成率等。

工作计划类：根据公司或部门年度重点工作计划所分解的工作。

（2）绩效考核。

考核范围：阿米巴组织的三级阿米巴绩效考核只考核到阿米巴团队，不考核到个人。阿米巴组织的二级阿米巴及以上需考核到个人。

考核实施：考核内容及考核人。

表43　考核实施表

考核内容	考核对象	考核周期	考核人
团队指标	阿米巴组织	月度（自然月）	根据财务数据
个人指标	阿米巴巴长、阿米巴成员	月度（自然月）	直接上级（相关部门提供数据）

考核时间：以公司《绩效管理制度》所规定的考核时间为准。

3. 绩效考核结果应用

（1）结果应用总则。

阿米巴组织的绩效考核结果将作为绩效奖金、年终奖、工资晋升（降）、职务晋升（降）、任职资格、培训计划制订等的重要依据。

（2）结果应用。

绩效奖金=绩效奖金标准×考核结果（系数）

团队绩效奖金标准：公司每月从收益中提取部分利润作为奖金基数。

个人绩效奖金标准：在工资结构中，绩效工资部分还包括年终奖、工资晋升、职务晋升、任职资格、培训等。

（3）绩效考核结果应用时期。

绩效考核结果应用时期为《绩效管理制度》发布实施后。

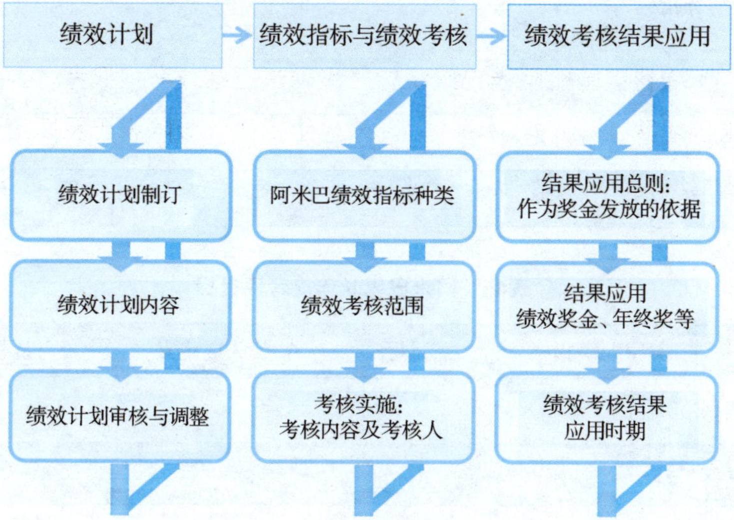

图102　阿米巴组织的绩效考核

表44　目标管理与绩效考核

销售阿米巴——利润型

考核科目			权重（分数）	目标值
财务指标	1			
	2			
客户指标	3			
运营指标	4			
学习指标	5			

生产阿米巴——成本型

考核科目			权重（分数）	目标值
财务指标	1			
	2			
客户指标	3			
运营指标	4			
学习指标	5			

表45　阿米巴巴长年度考评目标

关键业绩指标		目标	公式或定义	权重
财务目标				
客户目标				
管理目标				

NO. 86

阿米巴如何进行薪酬体系设计

阿米巴薪酬体系设计需要根据企业的实际情况，紧密结合企业的战略和经营哲学，系统全面科学地考虑各项因素，并及时进行修正和调整，充分发挥薪酬的激励和引导作用，为企业及阿米巴组织的生存和发展起到重要的制度保障作用。

1. 阿米巴薪酬体系设计原则

阿米巴薪酬体系设计有三项基本原则：对外具有竞争力，对内具有公平性，对员工具有激励性。

2. 阿米巴薪酬体系设计的基本步骤

（1）薪酬调查。这是阿米巴薪酬体系设计的基础，它解决的是薪酬的对外竞争力和对内公平问题。

（2）确定薪酬策略。即确定阿米巴薪酬分配的依据和策略。

（3）职位分析。结合公司经营目标，在业务分析和人员分析的基础上，明确阿米巴职能和职位关系，人力资源部和各阿米巴主管合作编写职位说明书。

（4）职位评价。其重在解决薪酬对阿米巴内部的公平性问题。

（5）薪酬类别的确定。根据企业的实际情况和未来发展战略的要求，对不同类型的阿米巴组织及人员应当采取不同的薪酬类别。

（6）薪酬结构设计。要综合考虑三个方面的因素：一是其职位等级；二是个人的技能和资历；三是个人绩效。

（7）实施修正。在确定薪资调整比例时，要对总体薪资水平做出准确的预算。阿米巴组织需要建好工资台账，并设计一套比较好的测算方法。

3. 阿米巴薪酬体系设计的目的

阿米巴组织越是能够建立起面向员工的内部公平、外部竞争性和个体激励的条件，它就越是能够有效地吸引、激励和保留它所需要的员工，来实现组织的目标。总体而言，阿米巴薪酬体系设计的目的主要有如下几点：

第一，让人才脱颖而出，给优秀者以奖励。优质资源永远向优秀的阿米巴团队及阿米巴巴长倾斜，好的薪酬机制要让强者更强。

第二，吸引关键人才。企业通过设计出具有激励性、竞争性的薪酬方案，真正地实现了薪酬激活关键人才。同时树立标杆，要让员工看到通过激励机制，努力就能挣到更高的报酬。

第三，价值肯定。阿米巴给员工的薪酬绝对不是单纯基于职级的，而是必须基于岗位价值，回归到该岗位对企业及阿米巴组织的贡献上来。

第四，结成利益共同体。对于阿米巴的核心团队成员，设计长期激励机制和方案（包括分红、股权激励），都是为了将中长期的利益结合起来，使员工与阿米巴组织形成利益共同体，双方为企业的未来一起承担风险，共享收益。所以，长期激励方案设计得好，将是增加阿米巴凝聚力的重要手段。

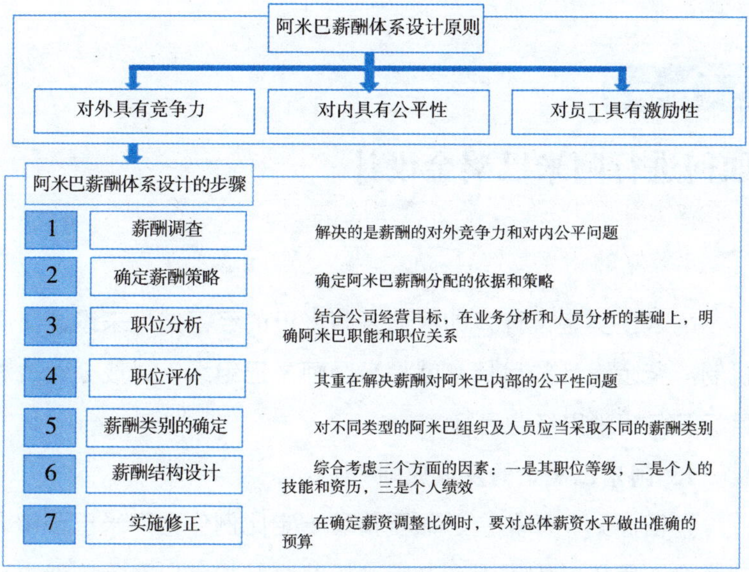

图103　阿米巴薪酬体系设计

NO. 87

如何进行阿米巴奖金设计

阿米巴奖金设计，即根据各阿米巴的经营结果来设计奖励机制。奖金设计的目标，就是激励阿米巴组织，达成公司战略目标及各阿米巴经营目标。

1. 阿米巴奖金的发放原则

预留原则。即奖金总额要预留一定比例作为阿米巴预留调节基金，用于从宏观上调节阿米巴奖金结构，以及年内新立项项目的奖励及年底对项目奖励进行调节。

巴员优先原则。阿米巴奖金分配应阿米巴巴员优先，通过此举激发阿米巴巴员的积极性。

授权原则。遵循授权管理，由直接上级给下级分配奖金的原则。

监审原则。这就要求阿米巴奖金发放要合理、合法。

2. 阿米巴奖金的主要构成要素

阿米巴奖金制度的主要构成要素有：奖励指标、奖励条件、奖金比例与标准、奖励对象、奖励方式、个人奖励、团队奖励、奖励基金的提取与分配。

3. 阿米巴奖金设计

（1）基于时间的奖励，包括月度绩效奖金、年度效益奖金等。

第一，年度效益奖金设计。

年度效益奖金不是简单地发放年终奖励，其发放的目的应配合公司未来的发展战略，为实现公司、股东、员工等多方共赢的局面，一切都是为了公司及阿米巴创造效益。在进行年度效益奖金设计时，需要考虑年度奖金总额、任务达成奖金、任务超额奖金、年终综合考核得分等项目。

第二，月度绩效奖金设计。

每次月度评选相应比例的阿米巴组织进行绩效奖励，绩效奖金设计依据此公式：团队绩效奖金=团队标准绩效奖金 × 当月绩效考核系数。

（2）基于任务的奖励。这是最好的奖励方法之一，这种方法针对性强，能更好地体现按劳分配。

（3）收益分享计划。这是一种团队激励薪酬计划，通过让员工参与从而提高公司的绩效。

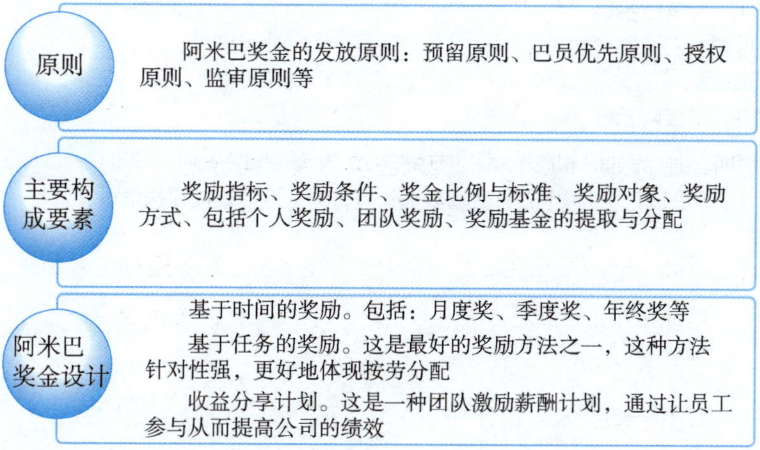

图104 阿米巴奖金设计

表46　年度效益奖金项目说明

年度效益奖金项目	说明	代码
年度奖金总额	指一个阿米巴组织一个年度中团队奖金总和	
任务达成奖金	指一个阿米巴组织一个年度中完成的任务所获得的奖金 任务：利润（利润巴）和成本降低（成本巴）	
任务超额奖金	指一个阿米巴组织一个年度中超额完成的任务获得的奖金 任务：利润（利润巴）和成本降低（成本巴）	
年终综合考核得分	依据公司《绩效管理制度》	

表47　月度绩效奖金

序	评选范围	评选名额（个）	奖金（元）	评选标准	备注
1	一级阿米巴			单位时间核算值提高率	
2	二级阿米巴				
3	三级阿米巴				

说明：1. 评选时相应数据以财务部确认为准

2. 评选过程中，有数据弄虚作假行为，取消该巴评选资格×个月

NO. 88

阿米巴如何进行股权激励设计

股权激励是对员工进行长期激励的一种方法。企业及阿米巴组织为了激励和留住核心人才而推行的一种长期激励机制。有条件地给予激励对象部分股东权益，使其与企业和阿米巴结成利益共同体，使其能够以股东和经营者的身份参与企业决策、分享利润、承担风险，勤勉尽责地为企业和阿米巴的长期发展服务，从而实现企业的战略目标。

1. 阿米巴股权激励的作用

（1）构筑利益共同体。实施股权激励的结果是使企业的管理者和关键技术人员成为企业的股东，其个人利益与公司利益趋于一致，构筑利益共同体，充分有效地发挥阿米巴员工的积极性和创造性。

（2）业绩激励。管理人员和技术人员成为公司股东之后，具有分享企业利润的权力，能够分享高风险经营带来的高收益，有利于刺激其潜力的发挥，从而提高阿米巴的经营业绩和核心竞争能力。

（3）约束阿米巴经管者短视的行为。作为一种长期的激励机制，股权激励使阿米巴经营者在任期内得到适当的奖励，这就要求阿米巴经营者不仅关心如何在任期内提高业绩，而且还必须关注企业的长远发展。

（4）留住核心人才。股权激励制度是企业和阿米巴组织吸引优秀人才的有力武器。由于股权激励机制给员工带来了很强的利益预期，具有相当的吸引力，可以聚集大批优秀的人才。

2. 阿米巴股权激励机制的设计

阿米巴股权激励机制的设计，需要考虑九大要素：定目的、定对象、定模式、定数量、定价格、定时间、定来源、定条件、定机制等。具体而言，有如下操作事项：

（1）激励对象：既有阿米巴经营者的股权激励，也包括普通员工的持股计划等。通常，阿米巴经营者是股权激励计划实施的重点对象。

（2）购股规定：即对阿米巴经营者购买股权的相关规定，包括购买价格、期限、数量及是否允许放弃购股等。

（3）售股规定：即对阿米巴经营者出售股权的相关规定，包括出售价格、数量、期限的规定。

（4）权利义务：股权激励中，需要对阿米巴经营者是否享有分红收益权、股票表决权和如何承担股权贬值风险等权利义务做出规定。

（5）股权管理：包括管理方式、股权获得来源和股权激励占总收入的比例等。股权获得来源包括阿米巴经营者购买、奖励获得、技术入股、管理入股、岗位持股等。股权激励在阿米巴经营者的总收入中占的比例不同，其激励的效果也不同。

（6）操作方式：包括是否发生股权的实际转让关系、股票来源等。

阿米巴股权激励的作用

构筑利益共同体；业绩激励；约束阿米巴经营者短视行为；留住核心人才

阿米巴股权激励机制的设计

1	激励对象	既有阿米巴经营者的股权激励，也有普通员工的持股计划
2	购股规定	对阿米巴经营者购买股权的相关规定
3	售股规定	对阿米巴经营者出售股权的相关规定
4	权利义务	在股权激励中，需要对阿米巴经营者是否享有分红收益权、股票表决权和如何承担股权贬值风险等权利义务做出规定
5	股权管理	包括管理方式、股权获得来源和股权激励占总收入的比例等
6	操作方式	包括是否发生股权的实际转让关系、股票来源等

图105　阿米巴股权激励设计

NO. 89

阿米巴如何实施晋升激励

晋升是阿米巴组织一种重要的激励措施。阿米巴晋升激励就是企业将优秀员工提升到阿米巴巴长的职务，同时赋予与新职务一致的责、权、利的过程。阿米巴晋升制度有两大功能，一是选拔优秀人才，二是激励现有员工的工作积极性。企业从内部提拔优秀的员工到更高、更重要的阿米巴巴长岗位上，对员工或对企业发展都有重要意义。

1. 阿米巴晋升激励的原则

（1）德才兼备。在任命阿米巴巴长时，德和才两者不可偏废。

（2）机会均等。企业要使员工面前都有晋升之路，即对有多个阿米巴巴长人选的阿米巴组织要实行公开竞聘，公平竞争，唯才是举，只有这样才能真正激发员工的上进心。

（3）阶梯晋升。这是对大多数员工而言。这种晋升的方法，可避免盲目性，准确度高，便于激励多数员工。

2. 阿米巴需要建立晋升的阶梯

阿米巴组织需要建立晋升的阶梯，就为员工的职业生涯打通了道路。这样，员工就可以目标明确地通过努力不断地得到晋升。阿米巴组织通过绩效考核、能力考核和不断的晋升，员工就可以被激活，他们就能够不断地提高自己的业绩，提升自己的能力，阿米巴组织也因此得到持续发展的机会。

3. 阿米巴组织的晋升标准

在阿米巴组织中，晋升为阿米巴巴长所需达到三个标准。第一，阿米巴巴长的任职资格要求，具体包括：学历、专业、专业年限、同行年限、同等职务年限等；第二，阿米巴巴长的能力要求，即适应阿米巴巴长所需要具备的能力；第三，绩效要求，即晋升为阿米巴巴长所需达到的绩效标准。

4. 阿米巴晋升体系的应用

（1）阿米巴晋升体系要有相应的薪酬相对应。公司将阿米巴巴长的晋升与薪酬挂钩，这样员工就从晋升中得到了激励，更好地发挥晋升的激励作用。

（2）阿米巴的晋升标准必须明确。将晋升的标准明确化、公开化，对于阿米巴晋升体系的应用具有重要的意义。因为，明确了标准，就意味着明确了员工努力的方向，从而增强阿米巴晋升体系的激励作用。

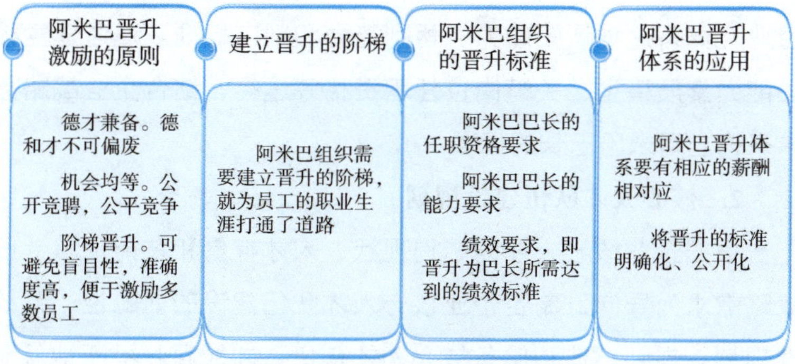

图106　阿米巴晋升激励

NO. 90

如何快速复制阿米巴巴长

核心人才缺乏，企业难以招聘到合适的阿米巴巴长，唯有自己复制！唯有通过建立阿米巴巴长复制体系——“复制”指核心人才批量培养，才能获得阿米巴经营所需要的批量的经营管理人才、专业技术人才、关键操作技能人才等。

通过建立起企业强大的“阿米巴巴长复制系统”，精心设计核心技能培养目标，并通过运用系统、规范、前沿的阿米巴巴长培育制度和工具，达到快速复制出阿米巴巴长之目的。

企业“巴长复制系统”建设所需要关注的7个问题：

1. 核心人才认知与甄别标准

核心人才是阿米巴巴长的重要来源。哪些人是核心人才，企业应具备这种认知能力、甄别能力和判定标准。通过建立核心能力素质模型、关键岗位任职资格等途径，结合企业战略需求来确立阿米巴巴长的标准。

2. 核心人才队伍建设规划

根据企业核心人才的结构现状、人才存量和技能现状，以战略需求为导向，制定企业核心人才队伍建设的前瞻性、系统性规划。规划打造和储备核心人才队伍，才能源源不断地复制出阿米巴巴长。

3. 核心人才库建设

建立核心人才库是阿米巴巴长复制的基础工程。企业核心人才库的建立，应结合企业战略规划对阿米巴巴长的需求、核心人才发展规划的实际，对阿米巴巴长等关键岗位进行评估，并形成核心人才甄别标准。

4. 核心人才甄选管理

对于企业而言，甄选出有能力、有潜力、与巴长岗位匹配和认同企业经营哲学的核心人才是一个艰巨的任务和挑战，也是“巴长复制系统”的战略价值所在。

5. 核心人才开发管理

企业需要打造核心人才培养平台，推进核心人才全面发展，就必须将核心人才管理常态化。企业应从实际出发，创建有效的核心人才开发激励机制，为阿米巴巴长的内生提供制度保障。

6. 导入核心人才竞争机制

企业将市场竞争机制导入巴长复制体系中，让竞争理念深入核心人才的内心，将外部市场竞争内部化，这有助于培育公司核心人才的竞争意识，形成适度的人才竞争机制，不断提升企业核心竞争力。

7. 导入核心人才继任计划

导入核心人才继任计划，不失为一种核心人才发展、核心人才成长激励和阿米巴巴长复制的高效机制。核心人才的继任机制是为阿米巴巴长选拔、培养继任人和接班人的机制，其目的是建立起阿米巴巴长培养的流程化、标准化的制度。

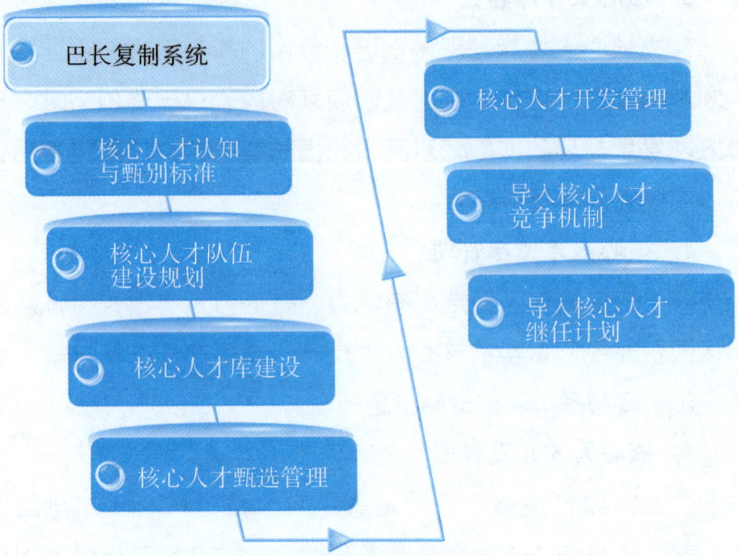

图107　快速复制阿米巴巴长

NO. 91

如何建立“阿米巴巴长组阁制”的激励机制

所谓组阁显然是借用国外大选胜出者组织内阁的说法。为了激励优秀的年轻人才脱颖而出，克服机构臃肿、人浮于事的现象，阿米巴组织可以采用组阁聘任用人机制。通过自由组阁，双向选择等办法，来实现人才优化组合，提高工作和劳动的效率，促进阿米巴员工素质的提高。

实施“阿米巴巴长组阁机制”，需要明确规定集团和阿米巴组织之间的定位及权限划分，阐明集团经营管理流程中的所有重要决策权的归属，为分权提供了制度化的保障。集团总部具有财务、预算、投资以及阿米巴巴长任免的管理权力，下面的阿米巴组织高度自治，可以自行管理研发、生产、销售整个价值链上的所有环节，同时阿米巴组织还有人事权，让阿米巴巴长可以自行组阁。权力的背面是责任，阿米巴组织也承担着巨大的经营责任，如果业绩不佳，整个阿米巴可以被撤并，整个内阁也要一起引咎辞职。

1. 阿米巴组阁聘任制符合效率优先的原则

由于阿米巴巴长具有选择和组建内阁团队的权力，这样团队成员就能够发挥团队精神和协同作用，从而实现团队的最高效率。

2. 形成真正意义上阿米巴巴长负责制

阿米巴组织的组阁制是通过契约的形式，把阿米巴单元的经营管理权都交给阿米巴巴长，阿米巴团队成员也是阿米巴巴长亲自挑选的，自然要对团队成员的绩效负责，否则势必影响整个团队的形象和收益，自己也难辞其咎。在真正意义上落实和保障阿米巴巴长负责制。

3. 赋予阿米巴巴长充分的经营权

企业要阿米巴巴长敢闯敢干就必须给予其充分的权力，由“组阁权”派生出来的经营主导权，可以让阿米巴巴长有足够的威信来掌控自己一手组建的团队，从而最大限度地减少内部创业的阻力。

4. 阿米巴巴长组阁，可以有效促进决策的执行

古语云“士为知己者用”，阿米巴团队是依靠“组阁”而来，因此天然具有一种向心力、凝聚力，这样的团队内耗最低，具有很强的执行力。

5. 需要更多的制约与均衡作为保障

阿米巴经营模式运行中的阿米巴巴长组阁制，其实需要有着更多的制约与均衡来作为保障。缺乏监管的“组阁制”既不客观也不现实。

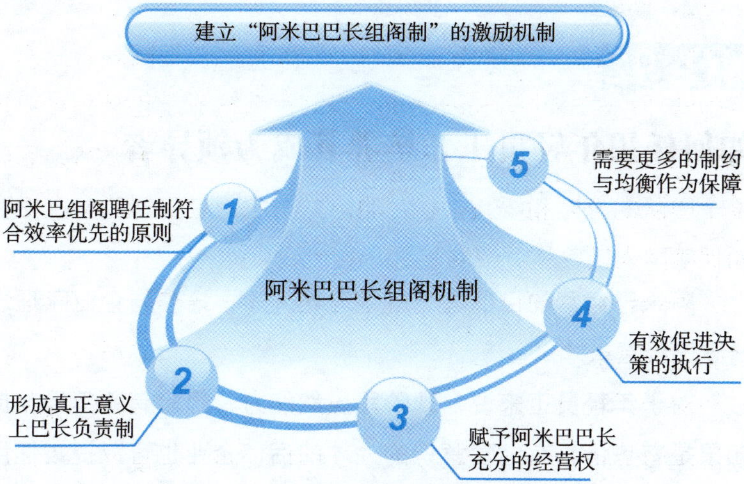

图108　阿米巴巴长组阁制的激励机制

NO. 92

如何任用年轻员工，培养其成为领导者

阿米巴经营的目的之一就是培养人才，培养与企业家理念一致的经营人才。

对于年轻员工来说，现阶段虽然能力、经验有所不足，但如果是有热情、有经营意识的人才的话，企业也可以提拔任用其为阿米巴领导者。

1. 任用和培养具有经营意识的人才

企业要给予年轻人才更多的机会。通过搭建企业平台，建立授权体系，让更多有经营意识的人才走上阿米巴领导者的位置。

经营权下放之后，各个阿米巴的领导会树立起经营者的意识，进而萌生出作为经营者的责任感和使命感，尽可能地努力提升阿米巴业绩。这样一来，年轻员工的被动立场转变为作为阿米巴领导者的主动立场。这种立场的转变正是树立经营者意识的开端，这些阿米巴领导者也成为与企业老板一同承担经营责任的经营伙伴。

2. 让阿米巴领导者自觉设定目标

阿米巴的领导者就如同中小企业的总经理一样，自觉设定目标，开展经营。阿米巴领导者需要明确组织的发展目标，并为了目标的实现全力以赴。

实现目标共有。为了完成预定目标，阿米巴领导者必须向阿米巴成员传达目标的内容，让阿米巴的目标得以周知和贯彻。如果阿米巴领导及其成员自己制定目标并为实现这一目标而感到工作有意义，那么全体员工就能够在工作中找到乐趣和价值，并努力工作。企业要激励全体员工为了阿米巴的发展而齐心协力地参与经营，在工作中感受人生的意义和成功的喜悦，实现全员参与的经营。

3．阿米巴领导者必须对经营负责

企业可以通过阿米巴经营会议对阿米巴领导者进行培养。

在阿米巴经营会议上，阿米巴领导者会发布以经营会计报表的数据，并进行阐述，回答企业管理层的疑问。通过经营会议上的反复锻炼，培养阿米巴领导者的经营能力和思维方式。

由于责任明确，能够确保各个经营业绩的透明度，也要求阿米巴领导者对经营业务负责。阿米巴领导者也必须做到，无论发生怎样的情况，遇到怎样的难题，都应该带领阿米巴团队成员以坚强的意志和不亚于任何人的努力，共同渡过难关。

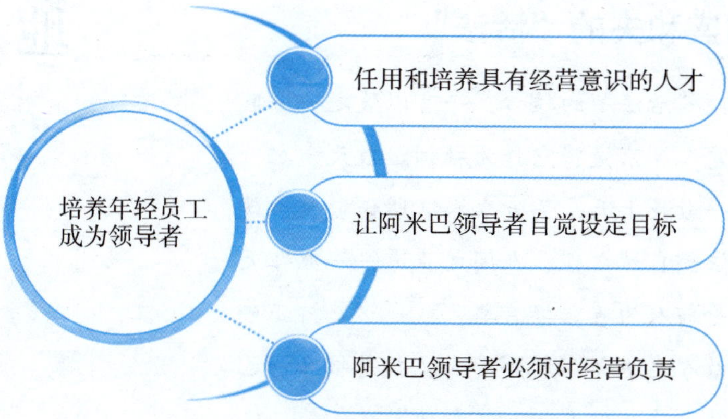

图109　任用和培养年轻员工成为领导者

第十一章 阿米巴经营哲学与落地

CHAPTER 11

稻盛和夫的“活法”

“活法”的核心，一言以蔽之——敬天爱人。京瓷将它作为社训。敬天爱人，——敬畏上天，关爱众人。所谓敬天，就是依循自然之理、人间之正道——亦即天道，与人为善。换言之，就是“坚持正确的做人之道”；所谓爱人，就是摈弃一己私欲，体恤他人，持“利他”之心。

NO. 93

阿米巴经营为什么需要哲学

经营哲学是公司经营理念和基本方针的基础。在京瓷公司，就有将“作为人，何为正确”作为判断标准的经营哲学——京瓷哲学。这是稻盛和夫在对工作和人生的觉悟中，总结出来的关于“人生和工作的判断标准”的哲学思想。

对于企业来说，经营理念和经营哲学格外重要。将阿米巴的经营理念和经营哲学展示给员工，让他们从心底产生共鸣。这是阿米巴领导者应该做的头等大事。

阿米巴经营为什么需要哲学，我们总结出四条原因：

1. 确定阿米巴经营的规则及必须遵守的事项

企业必须确定全体员工共同遵守的规范规则，或者说必须遵守的事项，因为这些决定了企业的价值观、思维方式和行为模式。一家伟大的企业，必须拥有良好的价值观，才会形成基业长青的根基。

2. 表明实现企业目标，需要什么样的思维方式

“经营哲学”需要表明，为了实现理想的企业目标，需要什么样的思维方式。例如，“树立高目标、持续付出不亚于任何人的努力、极度认真地工作”这类思维方式和人生态度的句子。因此，经营哲学在阿米巴经营中必不可缺。

3．建立经营理念、经营哲学，提高内部凝聚力

一旦形成了以经营理念、经营哲学为基础的企业文化，企业就获得强大的竞争力。阿米巴领导者应该倾注全力，明确企业的使命，大力培育企业文化，从而整合员工的力量，充分发挥团队的凝聚力。

4．经营哲学赋予企业一种优秀的品格

经营哲学基础根植在“正确的为人之道”之上。优秀的阿米巴领导者不是以权力服人，而是在员工中以身作则，凭借优秀的人格魅力吸引和征服员工，赢得员工的充分信任和尊重。正如稻盛和夫所言：“优秀的人格就是取得对方信任和尊敬最好的方法。”

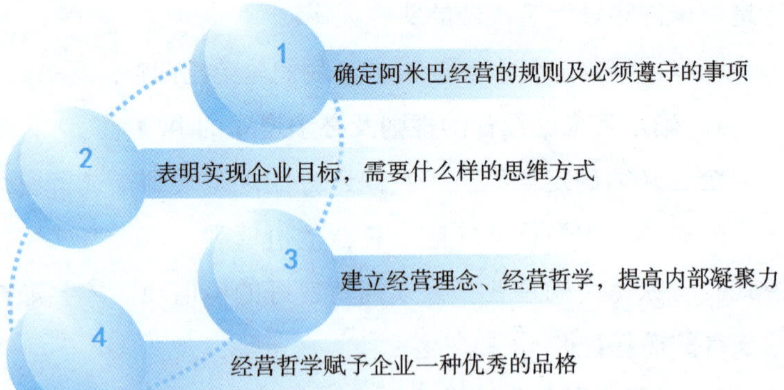

图110　阿米巴经营需要哲学

NO. 94

优秀经营哲学的判定标准是什么

阿米巴领导者是能够做出经营决策的人，在做任何决策之前，必须要事先明确“做决断的基准”。而稻盛和夫做决断的基准是“作为人，何为正确”。

正因为遵循这条准则，京瓷公司从创立以来长达半个世纪，经营之舵从未偏离正确的方向。

对于企业来说，对事物做出决断时，不能违反伦理与道德。这也要求我们在构建阿米巴经营哲学体系时，也要以正确的原理原则作为设计依据，也以如下三个原则作为优秀经营哲学的判定标准：

1. 基于对企业战略的全面支持原则

优秀的企业经营哲学必须充分体现对企业战略的全面支持功能。经营哲学只有充分体现出对其战略的全面支持功能，才能确保经营哲学对企业绩效的提升功能。

2. 基于遵从基本的商业原则

优秀的企业经营哲学必须遵从基本的商业准则，比如：诚信、公平竞争、双赢或多赢、职业化等。这些基本的商业准则，是企业必须遵守的底线之一。

大凡背离基本商业准则的企业经营哲学，都将难以获得受社会价值体系和道德体系共同支配的内部成员以及外部客户的普遍认同。缺乏广泛认同的经营哲学是没有生命力的经营哲学。

3. 基于尊重人性的原则

优秀的企业经营哲学必须尊重人性的准则，充分体现“以人为本、以人为先”的基本原则。例如稻盛和夫倡导的“敬天爱人”就是尊重人性的经营哲学。

经营哲学只有基于人性本原，才具有无限的包容性，并获得终极性的认同和尊重，进而才会具有凝聚人心的作用。任何一个企业经营哲学如果背离了人性，那么，这种经营哲学就是一种错误的经营哲学、一种扭曲的经营哲学，一种缺乏包容性的经营哲学，一种不会被员工、被消费者、被社会公众所认同的经营哲学。

上述三个共性判定标准之间并不是相互独立的，而是一层层递进的关系。在形成经营哲学的过程中，首先，要找出企业家的精神个性和企业的组织个性，然后，再与企业的发展战略对接，最后，从基本商业准则和人性层面上进行完善和提升。

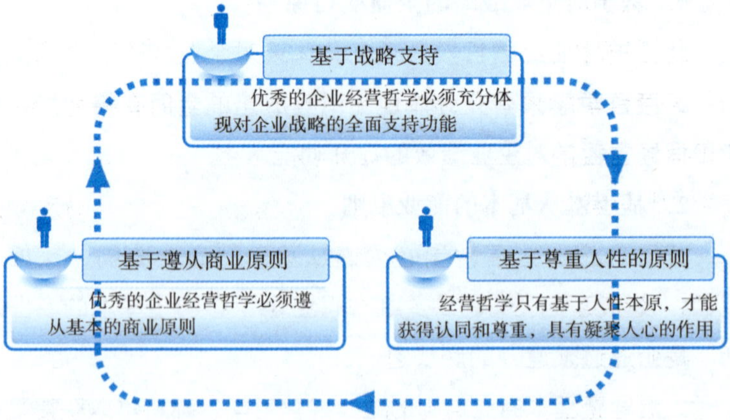

图111　优秀经营哲学的判定标准

NO. 95

如何“从 0 到 1”建设经营哲学体系

企业导入阿米巴经营模式，需要“从0到1”开始建设经验哲学体系。

阿米巴经营哲学体系建设具有“长期性、系统性、艺术性、艰巨性”等特点，建立一套行之有效的高级经营哲学，需要掌握如下科学、规范的经营哲学体系建设方法和流程：

1．经营哲学体系现状调研诊断

经营哲学体系诊断依照企业战略目标，研判出企业竞争力需要的提升方向，确证企业在理念方面和行为方面存在的客观差距。因此，经营哲学体系诊断的核心是寻找经营哲学现状与企业核心竞争力提升需求之间的差距。

2．经营哲学理念提炼

经营哲学的核心理念规定和指引着企业的所有行为，并决定和指导企业的各种文化载体的形成，比如：行为载体、视觉载体、制度载体等的形成和制定。经营哲学理念的准确定位提炼，准确地表述是经营哲学体系建设最为重要的环节。

3．形成系统的价值观念和经营哲学手册

我们通过文化审计、梳理、规范来确定或约束企业的行为准则，指导企业内外部整体行为规范和行为模式，最终形成一套系统的价值观念，从而汇编成《经营哲学手册》。例如《京瓷哲学手册》就是一本覆盖人的生存方式、工作方式等，包含78项内容的小册子。它简单明了地记录了扎根于经验、实践的实用型行动准则。

4. 经营哲学体系成果宣贯

经营哲学体系建设的最后阶段，就是经营哲学体系成果宣贯、培训、导入辅导。经营哲学体系宣贯落地是从“认知”到“行动”的关键环节。同时，将经营哲学理念进行有效传播，使企业产生标准化和个性化的良好形象。

5. 经营哲学体系成果培训、导入

经营哲学体系培训旨在以广泛认同经营哲学理念为目标，需要全体员工身体力行，全员参与，并通过多种多样的培训宣贯、有效的激励评价机制、高效的运行管理平台使经营哲学真正深入人心，逐步将经营哲学扩散、渗透到企业经营管理的各个环节，促进理念的行为内化，使经营哲学成为实施发展战略及品牌战略的强大推动力，增强企业的凝聚力和竞争力。

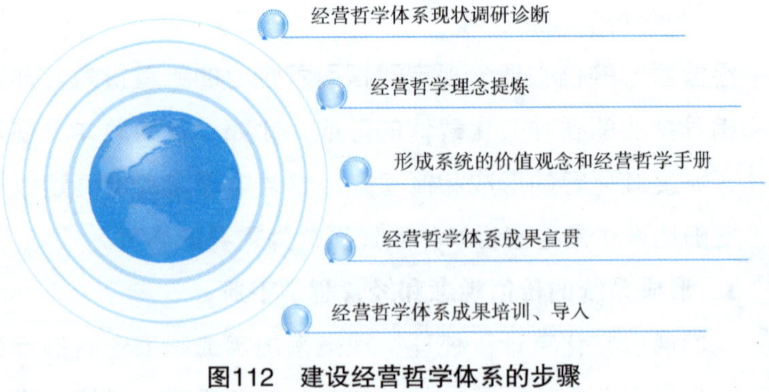

图112　建设经营哲学体系的步骤

NO. 96

中高层管理者如何传播经营哲学

经营哲学的传播，是对经营哲学的全面内涵和组成要素进行全方位的推广和扩散，是企业通过各种传播媒介向阿米巴员工主动传播自身经营哲学的过程。

经营哲学体系建设需要通过有效的方式传播，将优秀理念文化转化为员工的普遍认知与行动，从而确保经营哲学的“落地”，这就离不开经营哲学的传播。在这个过程中，各级阿米巴管理者都承担不同的角色。

1. 企业高层领导：扛旗者

在经营哲学传播中，企业高层领导人扮演着扛旗者的角色，是一个布道者，他们决定着经营哲学的价值取向。

在一个企业中，高层领导不仅是决策者和执行者，同时也是经营哲学的倡导者和引领者，以身作则和率先垂范是企业高层领导的先天性使命。企业高层领导人只有“身体力行”地践行经营哲学，才能对阿米巴巴长起到表率作用，对阿米巴员工起到关键的引领作用，从而确保经营哲学自上而下的传播。

2. 阿米巴经营者：传播者

各级阿米巴经营者，是企业管理层的中间力量，是经营哲学承上启下的传播纽带。因此，阿米巴经营者的言行是否能与经营哲学的价值诉求保持一致，决定着经营哲学传播的效果，决定了经营哲学落地的效果。

阿米巴经营者必须是经营哲学的信仰者，是经营哲学的践行者，这样才会发自内心地、主动地去传播经营哲学。他们如果自己都不认同经营哲学，都不能自觉践行经营哲学，那么，也就无法要求员工在实践中去按照经营哲学理念的要求去做，就无法将经营哲学融入管理行为传播下去，即便是阿米巴经营者可以制定出行为规范、制度对员工加以约束，但是，员工是不会从内心里认同的，员工的执行效果也是可想而知的。

3. 基层管理员：宣传者

这类角色主要是阿米巴组织的技术骨干、市场骨干、职能部门负责人等。作为宣传者，他们首先是认同阿米巴经营哲学；其次是能够主动实践，接受新文化，改变或调整思维方式与行为方式；最后，能够主动宣传阿米巴经营哲学，通过行为遵从向他人传播经营哲学。

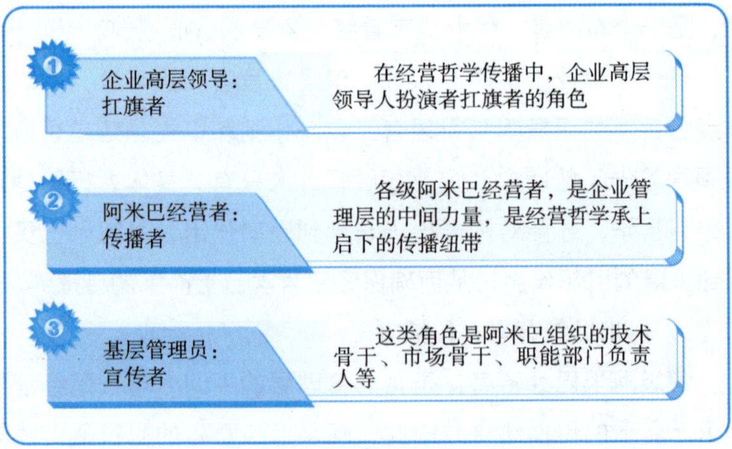

图113　管理者如何传播经营哲学

NO. 97

驱动经营哲学落地的力量是什么

经营哲学是一个阿米巴的灵魂，是阿米巴经营模式成败的关键，每个企业都有自己的经营哲学，只有把阿米巴经营哲学的精髓深深烙在每个员工的心里，使之真正做到“内化于心、固化于制、外化于形”才能使经营哲学真正落地生根，开花结果，最终实现企业的战略目标。

而驱动经营哲学落地的力量，主要体现在：

1. 以实现全体员工物质和精神两方面的幸福为己任

对于公司来说，有比实现自己的梦想更为重要的目的，那就是：保障公司员工的生活，让他们得到幸福。以实现全体员工物质和精神两方面的幸福为己任，为人类社会的进步和发展做出贡献。

物质和精神两方面的幸福指的是，在追求经济上的稳定和丰富的同时，通过职场上的自我实现，获得生活、工作的价值等内心精神世界的满足。

在此基础上，还要不断提升技术水平，以“工匠精神”制造出优异的产品，为科技技术的进步贡献自己的力量。

通过明确公司存在的意义，在“敬天爱人”的经营哲学感召之下，使阿米巴团队的力量能够汇聚到一起。

2. 经营哲学是构筑企业根基的指导性原理

成为全球性企业，高级哲学必不可少。经营哲学就是能够帮助企业实现正确目标的思维方式。

稻盛和夫在创业后不久，就把公司、经营者以及人的正确目标方向系统化了，这就是京瓷哲学，其核心理念就是“敬天爱人”。京瓷公司之所以能够由一个风险企业发展成为一个大企业，并作为一个优良企业不断成长，其原因在于对京瓷哲学的实践。

企业导入阿米巴经营模式之后，就需要构建幸福型企业，构筑牢固的企业根基，从而驱动经营哲学落地。经营哲学落地可以把企业愿景、企业使命、核心价值观或企业宗旨、企业精神等原则性的核心理念文化，融入企业发展战略规划和战略目标的实现中；把与经营、管理有关的理念文化融入企业的一切经营与管理活动、过程中；把个性类的独特理念文化融入全员的工作、任务中；引导和推动企业的健康、良性发展，并让企业的发展成果带上本企业个性特征的文化烙印。

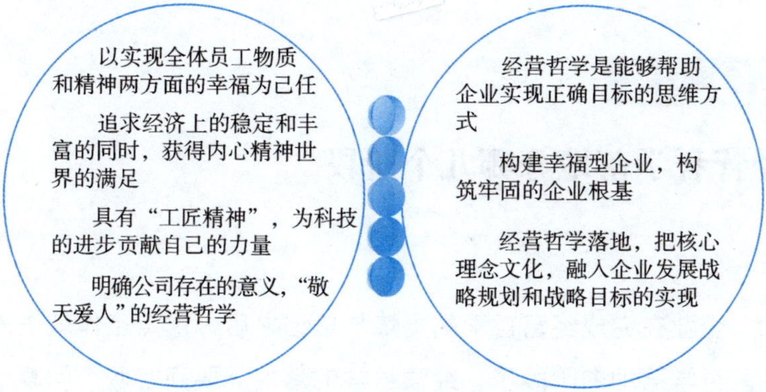

图114　驱动经营哲学落地的两大力量

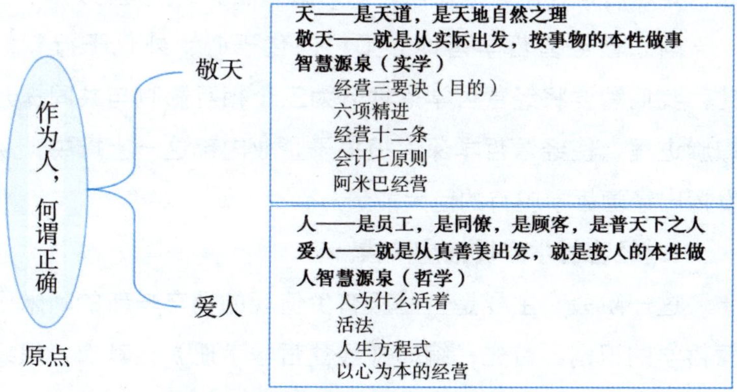

图115　阿米巴哲学原点：敬天爱人

NO. 98

经营哲学落地分哪几个阶段

企业在完成经营哲学的提炼与总结之后，重点工作就进入经营哲学落地的阶段了。经营哲学的落地需要回答两个问题：一点是“落什么”，即落地的内容，要弄清楚企业应该构建什么样的经营哲学理念体系，既能符合企业管理实际，又能有效支撑企业战略实施；另一点是“怎么落”，即落地的方法和途径，要想清楚经营哲学如何转化为组织需要的关键行为。

阿米巴经营哲学落地必须“内化于心，外化于行”，因此，我们需要将经营哲学落地分为三个相互影响与共同提升的螺旋进程，使经营哲学深深植根于企业内部这一土壤中，从而发挥出经营哲学应有的巨大能量。

1. 经营哲学宣贯推广阶段

这一阶段，主要是企业原有价值观的扬弃与新的阿米巴经营哲学的识别。首先，编印《经营哲学手册》；其次，组织集中宣讲，通过企业高层领导宣讲，强化培训教育，企业高层领导做到以身作则、率先垂范的带头示范作用，则经营哲学便会由上至下，上行下效地很快推广开来；最后，以《经营哲学手册》为主轴，由各级阿米巴经营者在工作过程中宣讲，使经营哲学融入阿米巴的整个经营管理工作之中。

经营哲学宣贯导入，在于促使员工与企业同步成长，运用经营哲学驱动力机制，激发全员的主动性和创造性，推动员工自我管理，形成优秀的员工行为文化，努力将员工的综合素质提升到一个新的水平。

2．经营哲学深化融入阶段

经营哲学理念等经广泛征求意见并初步成形后，当务之急便是使经营哲学“内化于心”。所谓，“内化于心”就是指经营哲学获得广泛员工的认同，包括文化认同，这样才会在组织内培养出文化信仰。而这个“内化于心”的效果，恰恰需要经历一个长期的、连续的、有效的经营哲学宣贯和传播过程。通过经营哲学宣贯，使广大员工认识经营哲学、了解经营哲学、最终达到文化认同的过程。只有认同才会信奉，才会去主动实践。

阿米巴领导者应把宣讲经营哲学当成一项重要的战略性管理任务来完成，当成一种改善组织绩效和提升组织管理的工作来抓，要善于利用各种场合、各种会议来宣讲经营哲学，传播经营哲学，将经营哲学融入日常的组织管理和业务管理中，在创造绩效的过程中，善于用经营哲学解决管理难题。用经营哲学所倡导的价值标准来正确地分析和解释经营管理中出现的新问题，依照经营哲学做出符合企业价值导向的决策和选择。

尤其是企业的高层领导，在阿米巴经营哲学的践行中必须正确地理解经营哲学所倡导的价值标准，并且在企业的经营管理中能自觉坚守这种价值标准，用自己的行为向员工诠释企业主张什么？企业摒弃什么？

3．经营哲学循环提升阶段

在经营哲学体系建设规划的基础上，设定每一个阶段的经营哲学落地目标，运用PDCA经营哲学循环落地提升模型，并通过建立经营哲学体系的考核评估，使连续的、长期的、复杂的、艰巨的、系统的经营哲学建设和落地工作能分步实施、分单位实施，使经营哲学在循环落地中得到持续改善与提升，并不断优化。最终，将经营哲学的优秀理念融入组织的行为规范，使行为与理念保持高度的一致，使经营哲学“外化于行”。

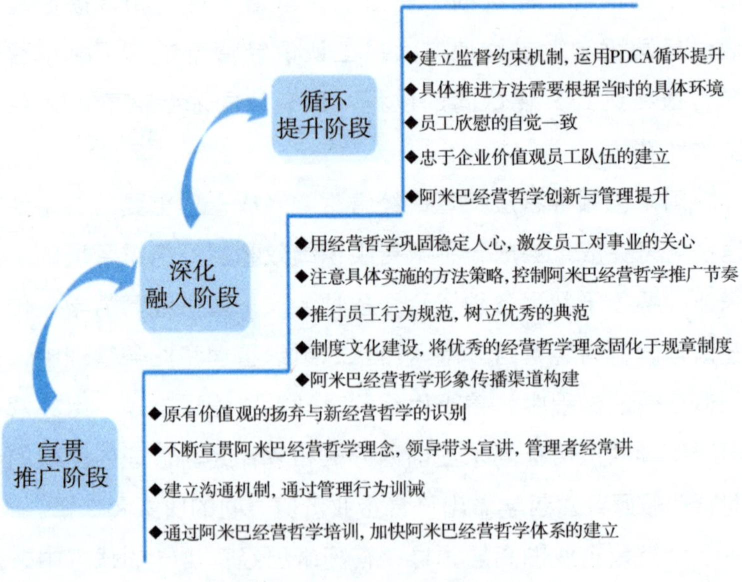

图116　经营哲学落地阶段

NO. 99

如何建立经营哲学落地保障机制

经营哲学本身就构成竞争力，无论是来自于技术、产品质量、服务或是人才、创新、知识等方面的企业核心竞争力，它们的内在力量都是经营哲学。

经营哲学体系建设成果，即《经营哲学手册》颁布以后，我们需要建立经营哲学落地保障机制，使经营哲学在宣贯、推广的过程中，有效地发挥其价值和内在力量。建立经营哲学落地保障机制，主要采用如下步骤：

1. 组织保障：经营哲学落地的基础保障

这就需要完善阿米巴组织架构，成立“经营哲学体系建设”领导小组；企业领导人明确担当“扛旗者”角色；设立独立意义的首席文化官和独立的企业文化职能部门；明确界定各级阿米巴管理者在经营哲学建设中的责任。

2. 管理保障：建立一套行之有效的管理体系

阿米巴经营哲学落地，必须要有管理保障。企业可以建立一套行之有效的管理体系，其中包括阿米巴的组织体系、文化培训体系、文化传播体系和监控体系。

3. 角色转换：以实际行动践行经营哲学的核心价值观

管理者的角色转换，是经营哲学落地的重要保障。企业领导人作为企业的“精神领袖”，其自身特质和人格魅力决定了经营哲学的个性，这一规律是由企业领导人在经营哲学建设中的角色决定的。

同时，阿米巴的中层、基层管理者在经营哲学落地中，或当扛旗者，或当传播者等，都要尽快实现角色转换，以实际行动自觉践行经营哲学的核心价值观。

4. 行为规范：设计科学的行为模式

行为文化建设是经营哲学落地的关键环节，没有行为文化，经营哲学理念和制度都是空谈。经营哲学落地的过程，需要设计科学的行为模式，制定可行的行为规范，提出明确的行为禁忌，形成完善的保障制度，并辅以“典型或标杆”示范和行为强化，从而达到导向明确、行为规范、活力迸发、形象优良的效果。

将经营哲学融入企业的各个层面环节，全员全过程与企业发展相互融合促进，从而形成经济效益，最终体现在企业的产品和服务之中。

5. 考核评估：促使经营哲学真正的发挥效力

经营哲学落地，需要建立科学的评价机制，并根据评价结果进行经营哲学体系审计、调整和提升，才能使经营哲学逐步走向深入，确保经营哲学理念与企业发展的需求相吻合，促使经营哲学真正的发挥效力。

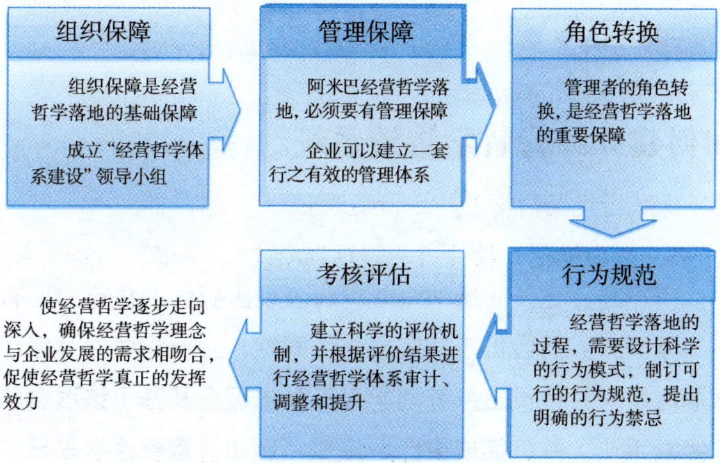

图117　建立经营哲学落地保障机制

NO. 100

如何建立经营哲学渗透系统

有很高文化认同感的企业，将表现出更强的执行力，有更高的凝聚力。而让员工具有文化认同感，企业需要建立经营哲学渗透系统，让员工系统地学习其基本理念及基于该理念的具体经营手法，并将其成果广泛传播。例如，京瓷哲学是把“何为正确的做人准则？”作为判断事物的基准，并将其渗透到一切行动中，是表现光明正大、认真努力的重要性的人生哲学、经营哲学。

建立经营哲学渗透系统，主要分为三个层次：

1. 企业高层领导哲学渗透系统

高层领导哲学渗透系统，主要体现为如下几个方面。

第一，高层经营哲学研讨会。企业高层（阿米巴巴长以上全体人员）经营管理研讨会是构成经营哲学教育核心的研讨会，可以每半年举办一次。

第二，高层哲学研讨会内容。以阿米巴经营哲学为主线，以提高心性、经营和创新为核心。

第三，高层哲学研讨会的方式。研讨的原则是启发而不是灌输。

（1）观看稻盛和夫的纪录片或访谈视频。

（2）发表学习经营哲学之后的感想，需要把事例和经营哲学理念有机地结合起来。

（3）对经营哲学理念进行提炼和概括表达。其原则和方法就是“领导亲力，小组参与，全员品鉴”，这既是提炼精准性的根本保证，也是经营哲学理念内培训和传播的开始。

第四，经营哲学研讨会的流程。包括会议计划、会议准备、会议实施和作用。

2. 中层领导哲学渗透系统

中层研讨会对象：全体基层干部以上人员（不含高层领导）。

中层研讨会时间：一天。

中层研讨会方式：观看视频、讨论、总结、发表感想等。

中层哲学研讨会内容：以经营十二条、六项精进等为核心。

中层研讨会，重在进行引导而不是灌输。通过详尽严谨的分析数据、大量的旁证资料，由表及里、从现实到未来对经营哲学进行了深入分析，并提出系统的提升建议。在一致认同经营哲学核心理念提炼方向的前提下，各级巴长就经营哲学的内涵和文字表达等问题，逐条逐款展开了深入细致的研讨。

3. 全体员工哲学渗透系统

（1）全员哲学晨读。

范围：各级阿米巴单元；对象：全体员工。

时间：正常出勤的晨会后15～20分钟；教练：阿米巴巴长。

方式：朗读经营哲学条款、谈体会、教练总结、口号、解散等。

（2）明确晨读计划：每月月底由阿米巴领导者制订全员学习计划。

企业高层领导哲学渗透系统

高层经营哲学研讨会。可以每年办举办一次

高层哲学研讨会内容。以阿米巴经营哲学为主线，以提高心性、经营和创新为核心

高层哲学研讨会的方式

经营哲学研讨会的流程

中层领导哲学渗透系统

层研讨会对象：全体基层干部以上人员

中层研讨会方式：观看视频、讨论、总结、发表感想等

哲学研讨会内容：以经营十二条、六项精进等为核心

中层研讨会，重在进行引导而不是灌输

全体员工哲学渗透系统

全员哲学晨读。范围：各级阿米巴单元；对象：全体员工；时间：正常出勤的晨会后15~20分钟

明确晨读计划：由阿米巴领导者制订全员学习计划

图118　阿米巴经营哲学渗透系统

NO. 101

如何遵照“哲学”开展经营活动

经营哲学是阿米巴经营管理的最高层次，是阿米巴的灵魂和发展的动力，对阿米巴经营模式的成败具有决定性的作用。京瓷公司一直以京瓷哲学为基础来开展经营活动。

遵照“哲学”开展经营活动，我们总结如下几条内容：

1. 开展以人心为本的经营

在阿米巴经营的过程中，最重要的是人心。为了汇聚人心，阿米巴领导者首先要磨炼自己的心。如果想要构建以人心为基础的、坚固的人际关系的话，阿米巴领导者必须要有一颗高尚、纯粹的心，必须拥有可以让员工尊敬、信赖，并让员工心甘情愿追随的人格魅力。

2. 利他进而利己

“利他之心”是成为阿米巴领导者的必要条件。阿米巴的发展是由其领导者的器量决定的。作为阿米巴的领导者，如果想赢利，就不应只追求自己的利益，而应该考虑到对方的利益，需要以实现全体员工物质和精神两方面的幸福为己任，并追求一条可以获得共同繁荣的途径。

3. 能够使人成功的“经营十二条”

稻盛和夫认为：无论时代和环境如何改变，事业的成功都需要几项条件。如果这些条件都能达到，那么任何人都能做到京瓷这样的经营。他将经营所需条件总结过“经营十二条”。

“经营十二条”是京瓷哲学的精髓，是从经营角度详细捕捉“人生、工作的结果=思维方式×热情×能力”的成功秘诀。当我们学习了“经营十二条”，并将其默记下来，而且付诸实践，就能够感受深远的震撼和感动。

4. 以纯粹的意念努力精进，经营状况一定会好转

创造精彩人生所需的六个实践项目，即“六项精进”。这是对工作和人生十分重要的实践项目的中介。只要每日坚持进行这六项实践，美好的人生就会向你展开。在阿米巴经营模式中，它与“经营十二条”“会计七原则”一起被列为领导者教育的重要内容，也指导着阿米巴领导人进行经营活动。

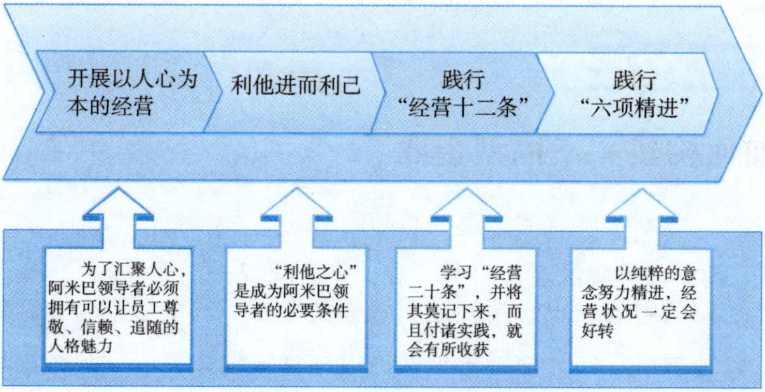

图119　遵照“哲学”开展经营活动

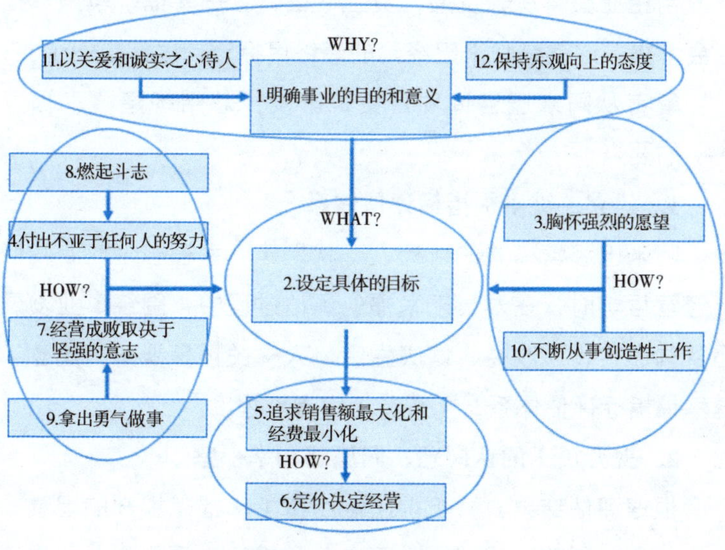

图120　经营十二条

NO. 102

如何构建“幸福型企业”

如何用阿米巴经营打造出幸福型企业？“幸福型企业”就是以经营哲学作为指导思想，通过科学管理体系，细分组织单元和建立经营会计，实现利润最大化；通过哲学共有体系，实现责任最大化，这两个方面是构成幸福型企业的重要元素。

当企业获得良性发展，员工幸福、客户幸福、股东幸福、社会幸福，这就是阿米巴经营的最终目标：构建幸福型企业。

笔者从阿米巴咨询项目实践出发，总结构建“幸福型企业”的要点：

1. 建立关键幸福指标评估体系

阿米巴经营模式的目标之一就是建立幸福型企业。我们设计经营哲学时，在对员工幸福的评估过程中，围绕事业发展、团队沟通、物质收益、健康生活、人文关怀等视角，建立了关键幸福指标评估体系，了解员工幸福感程度。

2. 提升员工的认同感，归属感和幸福感

根据评估结果，分析得出制约员工幸福感提升的因素，提出优化方向和改进建议，从而在公司构建幸福型企业，最终提升员工的认同感，归属感和幸福感，强化公司的凝聚力、驱动力和影响力。

3. 制定并持续优化提升员工幸福感的措施

设计经营哲学手册，通过各项措施的有效落实，形成“规划设计—落地实施—优化改进”的良性循环。强化事业发展感知、团队沟通感知、人文关怀感知。

4. 让员工参与经营哲学建设

在经营哲学理念的提炼过程中，企业与员工一起系统思考公司的价值立场、企业的战略定位、人才规划等。整个过程中应让员工充分参与，员工可以从不同的工作岗位和思考角度出发，能提出许多有益的参考意见，从个人感情角度，在经营哲学理念宣贯与落地的过程中，更容易使员工能做到发自内心地认同并形成哲学信仰。

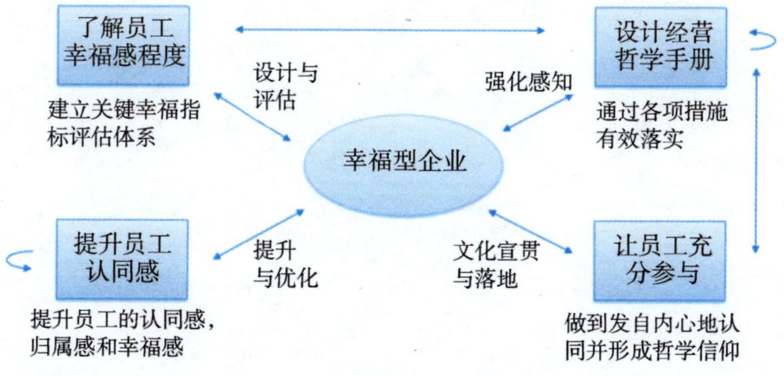

图121　如何构建“幸福型企业”